No.

Date

# THE
# LOOSE-LEAF
# STUDY GUIDE

## MODERN AND
## CONTEMPORARY HISTORY

## FOR HS STUDENTS

★ ★ ★

# ルーズリーフ参考書
## 高校 歴史総合

歴史総合の要点を
まとめて整理するルーズリーフ

**Gakken**

# 本書の使い方 HOW TO USE THIS BOOK

ルーズリーフ参考書は,すべてのページを自由に入れ替えて使うことができます。
勉強したい範囲だけを取り出したり,自分の教科書や授業の順番に入れ替えたり……。
自分の使っているルーズリーフと組み合わせるのもおすすめです。
あなたがいちばん使いやすいカタチにカスタマイズしましょう。

各単元の重要なところが,
一枚にぎゅっとまとまっています。

## STEP 1 空欄に用語を書き込む

まずは年表を完成させて近現代史の流れを
ざっくりとつかみましょう。
次に,それぞれの出来事の背景や経過など,
重要ポイントを穴埋めして確認しましょう。

➡あっという間に要点まとめが完成!
  *解答は巻末にあります。

## STEP 2 何度も読み返して覚える

苦手な部分をノートやバインダーにはさんで
おけば,すぐに要点を確認できます。

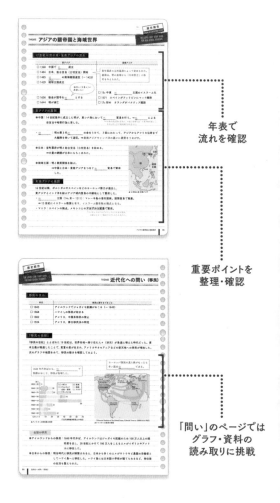

年表で
流れを確認

重要ポイントを
整理・確認

「問い」のページでは
グラフ・資料の
読み取りに挑戦

\\|//
赤やオレンジのペンで書き込めば,
赤フィルターをつかって
繰りかえし復習できます。

---

# ルーズリーフのはがし方 HOW TO DETACH A SHEET

注意
ATTENTION

**01** 最初にリボンを取りはずしてください。
(カバーをはずしてシールをはがすか,はさみで切ってください)

**02** はがしたいページをよく開いた状態で,
一枚ずつ端からゆっくりはがしてください。

力を入れて勢いよくひっぱったり,
一度にたくさんのページをはがしたりすると,
穴がちぎれてしまうおそれがあります。

# THE LOOSE-LEAF STUDY GUIDE
## MODERN AND CONTEMPORARY HISTORY
### FOR HS STUDENTS
★★★

ルーズリーフ参考書
高校 歴史総合
# CONTENTS

# THE LOOSE-LEAF STUDY GUIDE

MODERN AND
CONTEMPORARY HISTORY

## FOR HS STUDENTS
* * *

ルーズリーフ参考書
高校 歴史総合

# CONTENTS

協力　コクヨ株式会社

編集協力　赤堀大輔（株式会社オルタナプロ），稲葉友子，佐野秀好，高木直子

カバー・本文デザイン　LYCANTHROPE Design Lab.［武本勝利，峠之内綾］

DTP・図版　（株）四国写研

A LOOSE-LEAF COLLECTION FOR A COMPLETE REVIEW OF MODERN AND CONTEMPORARY HISTORY

# 時 間 割

学校の時間割や塾の予定などを書き込みましょう。

| | 月 | 火 | 水 | 木 | 金 | 土 |
|---|---|---|---|---|---|---|
| 登校前 | | | | | | |
| 1 | | | | | | |
| 2 | | | | | | |
| 3 | | | | | | |
| 4 | | | | | | |
| 5 | | | | | | |
| 6 | | | | | | |
| 放課後 夕食前 | | | | | | |
| 放課後 夕食後 | | | | | | |

# 年間予定表

定期テストや学校行事などのほか、個人的な予定も書き込んでみましょう。

| | |
|---|---|
| 4月 | |
| 5月 | |
| 6月 | |
| 7月 | |
| 8月 | |
| 9月 | |
| 10月 | |
| 11月 | |
| 12月 | |
| 1月 | |
| 2月 | |
| 3月 | |

## 1 年 間 の 目 標　主に勉強に関する目標を立てましょう。

# 「近代化と私たち」の年表（1600～1900年代初頭）

| | アメリカ・太平洋 | ヨーロッパ・ロシア | 西アジア・アフリカ |
|---|---|---|---|
| 1600 | | 1618　三十年戦争（～1648） | |
| | | 1688　イギリス，名誉革命<br>（～1689） | |
| 1700 | 1754　フレンチ=インディアン戦争<br>（～1763） | 1756　七年戦争（～1763） | |
| | | 1789　フランス革命（～1799） | |
| | 1775　アメリカ独立戦争（～1783） | 18ｃ後半　イギリスで産業革<br>命始まる | 1796　イラン，ガージャー<br>ル朝成立 |
| | 1776　アメリカ独立宣言 | | |
| 1800 | 1804　ハイチ独立 | 1804　ナポレオン，フランス<br>皇帝即位 | 1805　ムハンマド=アリー，<br>エジプト総督となる |
| | | 1814　ウィーン会議を開催<br>（～1815） | |
| | 1823　アメリカ，モンロー宣言<br>発表 | 1830　フランス，七月革命 | |
| | | | 1839　オスマン帝国，タ<br>ンジマートを実施 |
| | 1848　カリフォルニアで金鉱発見 | 1848　フランス，二月革命<br>オーストリア・ドイツ，<br>三月革命 | |
| | | 1853　クリミア戦争（～1856） | |
| | 1861　アメリカ，南北戦争<br>（～1865） | 1861　イタリア王国成立 | |
| | | ロシア，農奴解放令 | 1869　スエズ運河開通 |
| | 1863　リンカン，奴隷解放宣言 | | 1876　オスマン帝国憲法 |
| | 1869　大陸横断鉄道開通 | 1871　ドイツ帝国成立 | 発布 |
| | | | 1877　ロシア=トルコ戦争<br>（～1878） |
| | | | 1878　サン=ステファノ条<br>約，ベルリン条約 |
| | | 1882　三国同盟成立 | |
| | | 1894　露仏同盟成立 | |
| | 1898　アメリカ=スペイン戦争 | | 1898　英仏，ファショダ<br>事件 |
| | 1898　ハワイ，アメリカに併合<br>される | | |
| 1900 | | | 1905　イラン立憲革命 |
| | | | 1908　青年トルコ革命 |

\ いつでもチェック！重要シート /

## 「近代化と私たち」の年表（1600〜1900年代初頭）

| | 東南アジア・南アジア | 東アジア | 日本 |
|---|---|---|---|
| 1600 | | 1616　後金（清）建国 | 1603　江戸幕府の成立 |
| | 1623　アンボイナ事件 | | 1639　ポルトガル船の来 |
| | | 1644　李自成，明を滅ぼす | 航禁止 |
| 1700 | | | 1716　享保の改革（〜1745） |
| | 1757　プラッシーの戦い | 1727　キャフタ条約（清・露） | |
| | | 1793　イギリス使節マカート | 1772　田沼時代（〜1786） |
| | | ニー，清を訪問 | 1787　寛政の改革（〜1793） |
| 1800 | 1802　阮福暎，阮朝を建国 | | |
| | 1826　英領海峡植民地成立 | | 1804　レザノフ，長崎来航 |
| | 1830　オランダ，ジャワ島で強 | 1840　アヘン戦争（〜1842） | 1839　蛮社の獄 |
| | 制栽培制度導入 | 1842　南京条約（清・英） | |
| | | 1844　望厦条約（清・米）， | 1853　ペリー，浦賀に来航 |
| | 1857　インドでシパーヒーの反 | 黄埔条約（清・仏） | 1854　日米和親条約 |
| | 乱（〜1859） | 1856　第2次アヘン戦争（〜1860） | 1858　日米修好通商条約 |
| | 1858　ムガル帝国滅亡 | 1860　北京条約 | 1867　大政奉還 |
| | | | 1868　戊辰戦争（〜1869） |
| | | | 1875　樺太・千島交換条約 |
| | | 1876　日朝修好条規 | |
| | 1877　英領インド帝国成立 | 1881　イリ条約（清・露） | 1879　沖縄県設置 |
| | | 1884　朝鮮，甲申事変 | 1881　国会開設の勅諭 |
| | | 1884　清仏戦争（〜1885） | |
| | 1885　インド国民会議成立 | 1885　天津条約（日・清） | |
| | 1887　仏領インドシナ連邦成立 | 1894　朝鮮，甲午農民戦争 | 1889　大日本帝国憲法発布 |
| | | 1894　日清戦争（〜1895） | |
| | | 1895　下関条約，三国干渉（独・露・仏） | |
| 1900 | | 1900　義和団戦争（〜1901） | 1902　日英同盟 |
| | | | 1904　日露戦争（〜1905） |
| | 1905　インド，ベンガル分割令 | 1905　中国同盟会結成 | 1905　ポーツマス条約 |
| | | 1910　日本，韓国併合 | |
| | | 1911　辛亥革命 | |
| | 1912　インドネシア，イスラー | 1912　中華民国建国，清滅亡 | |
| | ム同盟結成 | | |

| | アメリカ・太平洋 | ヨーロッパ・ロシア | 西アジア・アフリカ |
|---|---|---|---|
| 1890 | | 1890　ドイツ，ロシアとの再保障条約の更新拒否 | |
| 1900 | | 1904　英仏協商成立 | |
| | | 1907　英露協商成立 | |
| | 1910　メキシコ革命 | | |
| | 1914　パナマ運河開通 | 1912　バルカン戦争（〜1913） | |
| | 1914　第一次世界大戦（〜1918） | | |
| | 1917　アメリカ，第一次世界大戦に参戦 | 1917　ロシア革命 | 1917　バルフォア宣言 |
| | | 1918　ブレスト=リトフスク条約 | |
| | 1919　パリ講和会議 | | |
| | 1920　国際連盟成立 | | |
| | 1921　ワシントン会議（〜1922） | | 1920　セーヴル条約 |
| | | 1923　ルール占領 | 1923　ローザンヌ条約 |
| | | 1925　ロカルノ条約 | 1925　イラン，パフレヴィー朝成立 |
| | 1928　不戦条約（パリ不戦条約，ブリアン・ケロッグ条約） | | |
| | 1929　世界恐慌 | | |
| | 1933　ニューディール開始 | 1933　ドイツ，ナチ党政権成立 | 1932　サウジアラビア王国成立 |
| | | 1939　独ソ不可侵条約 | |
| | 1939　第二次世界大戦（〜1945） | | |
| | 1941　米英首脳，大西洋憲章発表 | | |
| | | 1942　スターリングラードの戦い（〜1943） | |
| | | 1943　イタリア降伏 | |
| | 1945　ドイツ降伏，サンフランシスコ会議，ポツダム会談，国際連合成立 | | |
| | 1947　西側 マーシャル=プラン発表，東側 コミンフォルム | | |
| | | 1948　チェコスロヴァキア=クーデタ | 1948　イスラエル成立 |
| | | ベルリン封鎖 | 第1次中東戦争（〜1949） |
| | 1949　西側 NATO，東側 COMECON結成 | | |
| | | | 1951　イラン，モサデグ首相就任 |

| | 東南アジア・南アジア | 東アジア | 日本 |
|---|---|---|---|
| 1910 | | **1915　日本，中国に二十一カ条の要求** | |
| | | 1910年代　中国，新文化運動おこる | 1917　石井・ランシング協定 |
| | | | 1918　シベリア出兵（〜1922） |
| | | **1919　パリ講和会議** | |
| | | 1919　朝鮮，三・一独立運動 | |
| | | **1920　国際連盟成立** | |
| | | 1921　中国共産党結成 | 1923　関東大震災 |
| | | 1924　第1次国共合作 | 1924　第2次護憲運動 |
| | | 1925　五・三〇事件 | 1925　治安維持法成立 |
| | 1927　インドネシア国民党結成 | 1926　中国国民党，北伐開始 | 　　　　普通選挙法成立 |
| | | | 1927　金融恐慌 |
| | | **1929　世界恐慌** | |
| | | **1931　満洲事変（〜1933）** | |
| | | **1932　日本，満洲国を樹立** | |
| | 1935　インド統治法発布 | 1934　中国共産党，長征開始（〜1936） | 1933　国際連盟脱退 |
| | | 1936　西安事件 | 1936　二・二六事件 |
| | | **1937　盧溝橋事件，日中戦争（〜1945）** | |
| | | 1937　第2次国共合作 | |
| | 1940　日本，仏印進駐 | 1940　汪兆銘，南京政府樹立 | 1941　日ソ中立条約 |
| | | **1941　太平洋戦争（〜1945）** | |
| | | | 1942　ミッドウェー海戦敗退 |
| | | | 1945　広島・長崎に原爆投下 |
| | | **1945　サンフランシスコ会議，ポツダム会談，日本降伏，国際連合成立** | |
| | 1946　インドシナ戦争（〜1954） | 1948　大韓民国成立，朝鮮民主主義人民共和国成立 | 1946　極東国際軍事裁判　　　　日本国憲法公布 |
| | | 1949　中華人民共和国成立 | |
| | | **1950　朝鮮戦争（〜1953）** | |
| | 1954　SEATO成立 | | 1951　サンフランシスコ平和条約，日米安全保障条約調印 |

# 「グローバル化と私たち」の年表（1950 ～ 2000 年代前半）

| | アメリカ・太平洋 | ヨーロッパ・ロシア | 西アジア・アフリカ |
|---|---|---|---|
| 1950 | | 1952 イギリス, 原子爆弾を保有 | |
| | 1953 アイゼンハワー大統領就任 | 1953 スターリン死去 | 1955 アジア=アフリカ会議 |
| | | 1955 西ドイツ, NATO 加盟 | |
| | | 1956 東側 ソ連,スターリン批判 | 1956 エジプト, スエズ運 |
| | 1957 パグウォッシュ会議 | | 河国有化宣言 |
| | | 1958 EEC 発足 | 第 2 次中東戦争 |
| | | EURATOM 発足 | （～ 1957） |
| | 1959 キューバ革命 | | |
| | 1959 フルシチョフ訪米 | | 1960 アフリカで 17 カ国 |
| | 1961 ケネディ大統領就任 | 1961 東側 ベルリンの壁建設 | が独立 |
| | 1961 非同盟諸国首脳会議開催 | | |
| | 1962 キューバ危機 | | |
| | 1964 アメリカ,公民権法成立 | 1963 部分的核実験禁止条約 | 1963 アフリカ統一機構設立 |
| | | 1967 EC 成立 | 1967 第 3 次中東戦争 |
| | 1968 核拡散防止条約 | | |
| | | 1968 東側 ソ連,「プラハの | |
| | 1969 ニクソン大統領就任 | 春」を弾圧 | |
| | 1972 米ソ,第 1 次戦略兵器制限交渉（SALT I）調印 | | |
| | | 1972 東西ドイツ基本条約 | 1973 第 4 次中東戦争 |
| | 1973 第 1 次石油危機 | | |
| | 1975 先進国首脳会議を開催 | | 1979 イラン=イスラーム革命 |
| | 1979 第 2 次石油危機 | | |
| | 1979 ソ連, アフガニスタン侵攻（～ 1989） | | |
| | | 1986 ソ連, ペレストロイカ | 1980 イラン=イラク戦争 |
| | 1985 プラザ合意 | | （～ 1988） |
| | 1989 マルタ会談, 冷戦終結宣言 | | |
| | | 1990 東西ドイツ統一 | |
| | | 1991 ユーゴスラヴィア解体 | 1991 湾岸戦争 |
| | | ソ連崩壊 | 南アフリカ, アパル |
| 2000 | 2001 アメリカで同時多発テ | 1993 EU 発足 | トヘイト政策廃止 |
| | ロ事件 | 1995 世界貿易機関発足 | 2002 アフリカ連合成立 |
| | 2008 リーマン=ショック | | 2010 「アラブの春」始まる |

# CHECK

\ いつでもチェック！重要シート /

## 「グローバル化と私たち」の年表（1950～2000年代前半）

| | 東南アジア・南アジア | 東アジア | 日本 |
|---|---|---|---|
| 1950 | | | 1954　自衛隊発足 |
| | | 1955　アジア＝アフリカ会議 | |
| | | | 1956　日ソ共同宣言に調印 |
| | | 1958　中国，大躍進政策 | 1960　日米安全保障条約改定 |
| | | 1963　中ソ論争が激化 | 1964　東京オリンピック・パラリンピック |
| 1965 | 1965　アメリカ，北ベトナムへの空爆開始 | 1965　日韓基本条約 | |
| | 1967　ASEAN発足 | 1966　プロレタリア文化大革命（～1976） | |
| | 1973　ベトナム(パリ)和平協定 | 1969　中ソ国境紛争 | 1972　沖縄，日本に復帰 |
| | | 1972　日中国交正常化 | |
| | | 1973　第1次石油危機 | |
| | 1976　ベトナム社会主義共和国成立 | 1978　中国，改革・開放政策 | |
| | | 1978　日中平和友好条約 | |
| | | 1979　第2次石油危機 | |
| | | 1980　韓国，光州事件 | 1985　プラザ合意 |
| | | 1989　中国，天安門事件 | 1989　消費税導入 |
| | | | 1992　PKO協力法成立　自衛隊，カンボジア派遣 |
| | | | 1993　非自民8党派の連立内閣成立 |
| | | 1996　台湾，総統に李登輝 | 1995　阪神・淡路大震災 |
| | 1998　インド・パキスタンが核実験 | 1997　香港，中国に返還 | |
| 2000 | | 2000　韓国・北朝鮮，南北首脳会談 | 2004　自衛隊，イラク派遣 |
| | | | 2009　民主党政権成立 |
| | | | 2011　東日本大震災，東京電力福島第一原発事故 |
| | | | 2012　自民党政権成立 |
| | | | 2018　TPP11発効 |
| | | | 2021　東京オリンピック・パラリンピック |

No.
Date
歴史総合
MODERN AND CONTEMPORARY HISTORY
THE LOOSE-LEAF STUDY GUIDE
FOR HIGH SCHOOL STUDENTS

THEME **近代化への問い（産業と人口）**

## 産業革命の広がりと人口の増加

産業革命は 18 世紀後半にイギリスで始まり，世界の人口の増加に大きな影響を及ぼした。

●産業革命：人力にかえて蒸気機関を動力源として利用することで機械制工業生産が発達し，生産力が大きく向上することで，経済や社会が大きく変化した。その結果，資本主義とよばれる経済体制が確立した。

**各国の産業革命**

| イギリス…18 世紀後半 | アメリカ…19 世紀半ば |
| フランス…19 世紀初め | ロシア…19 世紀後半 |
| ドイツ…19 世紀前半 | 日本…19 世紀末 |

19 世紀後半から，
<u>01</u>　　　　　　　の人口が
急増している。

イギリス：1800 年頃と 1900 年頃の人口をくらべると，およそ 2.5 倍に増加。

アメリカ：産業革命が始まった 19 世紀半ば以降，急速に人口が増加。

日本：明治時代に本格的に欧米の技術を導入。日本の産業革命は，綿糸などの繊維工業から始まり，1900 年代からは重工業の分野が発達した。人口の推移をみると，19 世紀末頃から大きく伸びている。

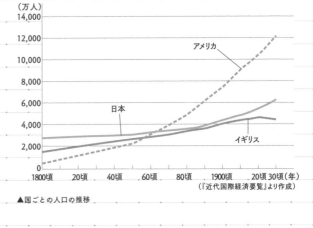

▲国ごとの人口の推移
（『近代国際経済要覧』より作成）

<u>02</u>　　　　工業の
労働者数が約 60 % を
占めている。

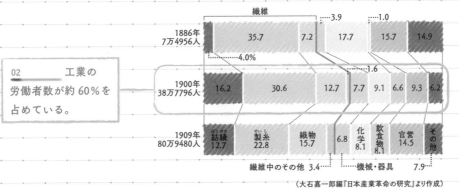

| | | 繊維 | | | | | |
|---|---|---|---|---|---|---|---|
| 1886年<br>7万4956人 | | 35.7 | 7.2 | 17.7 …3.9 | 15.7 | 14.9 …1.0 | |
| 1900年<br>38万7796人 | 16.2 …4.0% | 30.6 | 12.7 | 7.7 …1.6 | 9.1 | 6.6 | 9.3 | 6.2 |
| 1909年<br>80万9480人 | 紡績<br>12.7 | 製糸<br>22.8 | 織物<br>15.7 | 6.8 | 化学<br>8.1 | 飲食物<br>8.1 | 官営<br>14.5 | その他 |

繊維中のその他 3.4……　　……機械・器具　　7.9

（大石嘉一郎編『日本産業革命の研究』より作成）

▲日本の工場労働者数の内訳

## 移民の流れ

| 年代 | 移民に関するできごと |
| --- | --- |
| ☐ 1845 | アイルランドでジャガイモ飢饉がおこる（〜1849） |
| ☐ 1868 | ハワイへの移民が始まる |
| ☐ 1882 | アメリカ，中国系移民の禁止 |
| ☐ 1924 | アメリカ，排日移民法の制定 |

## 「移民の世紀」

「移民の世紀」とよばれた19世紀は，世界各地へ移り住む人々（移民）が急速に増えた時代だった。資本主義が発達したことで，貧富の差が生まれ，アメリカやオセアニアなどの新天地への移民が増加した。次のグラフや地図をみて，移民の動きを確認してみよう。

1840年代半ばから，_01_____で飢饉がおこり，移民が急増した。

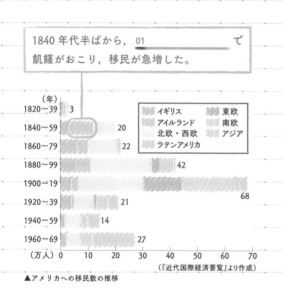

▲アメリカへの移民数の推移

（『近代国際経済要覧』より作成）

ヨーロッパ移民の流入数がもっとも多い国は_02_____である。

（Historical Statistics of the United States, Colonial Times to 1970をもとに作成）
▲アメリカへの移民の移動

## 各国の移民

● **アイルランドからの移民**：1840年代半ば，アイルランドはジャガイモ飢饉のため100万人以上の餓死者を出し，20世紀にかけて100万人をこえる人々がイギリスやアメリカに移住した。

● **日本からの移民**：明治時代に移民が解禁されると，日本から多くの人々がサトウキビ農園の労働者としてハワイ島へと移住した。ハワイ島には日本語小学校が建てられるなど，移住後の生活も整えられた。

No.
Date.

歴史総合
MODERN AND CONTEMPORARY HISTORY

THE LOOSE-LEAF STUDY GUIDE
FOR HIGH SCHOOL STUDENTS

# THEME アジアの諸帝国と海域世界

## 17世紀以前の東・東南アジアの流れ

| 東アジア | 東南アジア |
|---|---|
| □ 1368　中国で 01 ＿＿＿＿　成立 | |
| □ 1404　日本，勘合貿易（日明貿易）開始 | |
| □ 1405　02 ＿＿＿＿　の南海諸国遠征（～ 1433） | |
| □ 1429　琉球王国成立 | |
| | □ 15c 中頃　04 ＿＿＿＿　王国のイスラーム化 |
| □ 1636　後金が国号を 03 ＿＿＿＿　とする | □ 1571　スペインがフィリピンにマニラ建設 |
| □ 1644　明が滅亡 | □ 17c 初め　オランダがバタヴィア建設 |

> 室町幕府の足利義満によって始められた。
> 義満は，明の皇帝から「日本国王」の称
> 号を与えられた。

> 満洲人（女真人）が
> 建国したよ！

## 東アジアの展開

● 中国：14 世紀後半に成立した明が，東シナ海において 05 ＿＿＿＿　貿易を行う。➡ 06 ＿＿＿＿　による
密貿易や略奪行為に苦しむ。
> 中国の周辺国の首長が，中国に使節を送って貢ぎ物を献上し，
> それに対して中国が返礼品を与えた。

・ 02 ＿＿＿＿　：明の第 3 代 07 ＿＿＿＿　の命をうけて，7 回にわたって，アジアからアフリカ沿岸まで
大艦隊を率いて遠征。➡ 東南アジアやインド洋の国々に朝貢をうながす。

● 日本：室町幕府が明と勘合貿易（日明貿易）を始める。
➡ 大量の銅銭が日本にもちこまれた。

● 琉球王国：明と朝貢関係を結ぶ。
➡ 中国と日本・東南アジアをつなぐ 08 ＿＿＿＿　貿易で繁栄
した。

▲ 16 世紀の東・東南アジア

## 東南アジアの展開

16 世紀以降，ポルトガルやスペインなどのヨーロッパ勢力が進出し，
東アジアとインド洋を結ぶアジア域内貿易の中継地として繁栄した。

・ 04 ＿＿＿＿　王国（14c 末～ 1511）：マレー半島の港市国家。国際貿易で発展。
➡ 15 世紀にイスラーム教国となり，イスラーム教布教の拠点となる。

・ マニラ：スペインの拠点。メキシコとの **アカプルコ貿易** で繁栄。
> メキシコのアカプルコとマニラを結ぶ貿易。
> 大量のメキシコ銀がアジアにもたらされた。

## 17世紀以前の南・西アジアの流れ

| 南アジア | 西アジア |
|---|---|
| | ☐ 7c　10 　　　　　　　教成立 |
| | ☐ 1300頃　11 　　　　　　帝国成立 |
| | ☐ 1453　11 　　　　　帝国, ビザンツ帝国を滅ぼす |
| ☐ 1510　ポルトガル, ゴア占領 | ☐ 1501　イランで　12 　　　　　　朝成立 |
| ☐ 1526　インドで　09 　　　　帝国成立 | |
| ☐ 1639　イギリス, マドラス進出 | |

> ヴィシュヌ・シヴァ・ブ
> ラフマーが三大神。

## 南アジアの展開

●**ヒンドゥー教**：バラモン教とさまざまな民間信仰が結びついて生まれた多神教。人々の生活に密着している。　13 　　　　　　制度が特徴。

イスラーム教の多数派。┐　→バラモンを頂点とするヴァルナとよばれる階層と, 出自をあらわすジャーティが結びついた, インド独自の社会制度。

●**ムガル帝国**（1526～1858）：**スンナ派イスラーム教国**

・イスラーム教を信仰。　14 　　　　帝のときにジズヤ（人頭税）を廃止し, ヒンドゥー教徒との
　融和を進める。
　　└→第3代皇帝。

### ヨーロッパ勢力の侵入

●15世紀以降, 香辛料を求めてヨーロッパ人が進出。

➡インドの支配をめぐり, イギリスとフランスが対立。

## 西アジアの展開

▲16世紀末の南・西アジア

（地図：オスマン帝国, サファヴィー朝, ムガル帝国）

●**イスラーム教**：ムハンマドがおこした一神教。アッラーへの信仰を説く。教典は『　15 　　　　　　　』。

➡カリフの指導のもと, 西アジア世界全体を統一。アフリカ, 中央アジア, インド,
　東南アジアなどにも広まる。

●**オスマン帝国**（1300頃～1922）：**スンナ派イスラーム教国**

・　16 　　　　　　　のときに最盛期。　┌→ヨーロッパ諸国に与えた通商上の特権。
　16世紀に, フランスなどに帝国内での特権（**カピチュレーション**）を与えた。

　　　　　　　　　　　　┌→第4代正統カリフとその子孫のみを正統な後継者とする, イスラーム教の少数派。
●**サファヴィー朝**（1501～1736）：17 　　　派イスラーム教国

➡商業・文化の中心として　18 　　　　　　　が繁栄。

# 清の支配と東アジアの貿易

## 清時代の流れ

| 年代 | 清のできごと |
|---|---|
| □ 17c 前半 | 01 _____ が女真（満洲）を統一 |
| □ 1636 | ホンタイジ（太宗）のとき，国号を清に改称 |
| □ 1644 | 明が滅亡 |
| □ 1661 | 02 _____ 帝が即位 |
| □ 1704 | 典礼問題がおこる |
| □ 1722 | 03 _____ 帝が即位 |
| □ 1735 | 04 _____ 帝が即位 |

約130年間にわたり，すぐれた3人の皇帝の治世が続く。清の最盛期。

## 清の最盛期

鄭氏を降伏させ台湾平定。

● 02 _____ 帝（位 1661 〜 1722）：中国統治の基礎を確立。
・1689 ロシアと 05 _____ 条約を結ぶ。

● 03 _____ 帝（位 1722 〜 35）：君主独裁体制を強化。
・1724 典礼問題をうけてキリスト教の布教を禁止。
・1727 ロシアと 06 _____ 条約を結ぶ。

● 04 _____ 帝（位 1735 〜 1795）：清の最大領土を実現。
・1757 ヨーロッパとの交易を 07 _____ 一港に限定。
　　　　　　貿易額は増加した。

▲清と隣接諸国

## 清の社会と東西交流

モンゴル・新疆・チベット・青海は藩部として，自治を認められた非漢人地域。理藩院によって管理された。

・中国の伝統的な官僚制度や 08 _____ （隋から行われている官吏登用試験）を継承。
　　↕ 一方で…
・満洲人の髪型である 09 _____ の強要や，禁書など。

● 銀の普及：大量の日本銀やメキシコ銀が流入。銀による納税が広まる。
● 新作物の伝来：アメリカ大陸からトウモロコシやサツマイモが伝来。➡人口増加の一因となり，都市への移住や，華人として東南アジアなどへの進出が進む。
● 西洋文化の流入：イエズス会宣教師が来航し，西洋の文化を広める。
● 中国文化の輸出：ヨーロッパへ中国の文物が伝わり，10 _____ （中国趣味）がおこる。
　　　　陶磁器や絹織物など。貿易額が増加した。

清の支配と東アジアの貿易　017

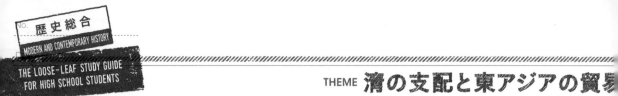

## 琉球

### 中国との関係

● 1429 年，琉球王国が成立。

➡明の皇帝から琉球国王に冊封される。
└→中国の臣下として国王の地位を与えられること。

● 11 _____ 貿易で繁栄。

➡朝鮮・日本・東南アジアの物産を中国へ運んだ。

● アジアにヨーロッパ人が進出し，中国の海禁政
策もゆるめられたため，11 _____ 貿易は衰退。

| 年代 | 琉球のできごと |
| --- | --- |
| ☐ 1429 | 尚巴志，琉球を統一 |
| ☐ 15c | 琉球，11 _____ 貿易で栄える |
| ☐ 16c 中頃 | ポルトガルのアジア進出により，11 _____ 貿易は衰退 |
| ☐ 1609 | 12 _____ 藩による琉球征服 |
| ☐ 1872 | 琉球藩となる |

### 日明（日清）両属

1609 年，12 _____ 藩の島津氏に征服される。一方で，中国との関係も継続したため，日本と中国に両属状態となる。

➡日本は，琉球を通じて中国の情報を入手。

独自の文化を形成。

## 蝦夷ヶ島

アイヌの人々：蝦夷ヶ島，樺太・千島列島などに居住。

➡漁労・狩猟・採集で生計。

▲アジア諸国の交易（15 世紀）

● 13 _____ 氏：1604 年，徳川家康からアイヌとの交易独占権を認められた。

**アイヌ→和人**
鮭・鰊・昆布・千島列島産のラッコ毛皮など。
➡昆布は北前船で日本全国に運ばれた。

**和人→アイヌ**
米・酒・タバコなど。

| 年代 | 蝦夷ヶ島のできごと |
| --- | --- |
| ☐ 1604 | 13 _____ 藩が成立 |
| ☐ 1669 | 不利な交易をしいられたアイヌの人々は，14 _____ を中心に蜂起 |
| ☐ 18c 前半 | 15 _____ 制が広がる |

● 18 世紀前半頃までに 15 _____ 制になると，アイヌの人々に対する搾取が進み，自立性は奪われていった。

No.
Date
歴史総合
MODERN AND CONTEMPORARY HISTORY

THE LOOSE-LEAF STUDY GUIDE
FOR HIGH SCHOOL STUDENTS

# THEME 幕藩体制下の日本と対外政策

## 幕藩体制下の日本の流れ

| 年代 | 江戸時代のできごと |
|---|---|
| ☐ 1603 | 01 _____ , 征夷大将軍となり江戸幕府を開く |
| ☐ 1612 | 禁教令を発布 |
| ☐ 1615 | 02 _____ 諸法度を発布 |
| | 03 _____ 諸法度を発布 |
| ☐ 1635 | 日本人の海外渡航・帰国の禁止 |
| ☐ 1639 | ポルトガル船の来航を禁止 |
| ☐ 1641 | オランダ商館長，オランダ風説書を幕府に提出 |

> キリスト教が外国勢力の侵略を招くのではないかとおそれをいだいた幕府が，信者に改宗を強制した。

> 海外の事情を記した報告書。1859年までつくられた。

## 幕藩体制の成立

● 04 _____ 体制：幕府と藩が土地と人民を統治する体制。

大名を統制：1615年に 02 _____ 諸法度を制定して大名の統制をはかる。
→徳川家光は，1635年の新たな 02 _____ 諸法度（寛永令）で 05 _____ を義務づけた。

人民を支配：武士を支配身分，百姓と町人（商人・職人）を被支配身分とする身分制度を整える。
この身分秩序の外に，えた・非人などの被差別身分をおいた。

> 士農工商とよばれたよ！

朝廷を監視：1615年に 03 _____ 諸法度を制定。
→朝廷の政治的な行動を警戒し，制定。朝廷を運営するための基準を示した。

> 06 _____ …江戸・京都・大坂。
> 諸大名の蔵屋敷がおかれ，年貢米や特産物を売却して貨幣を獲得した。
> 幕府は直轄領として支配。

## 幕府の対外関係

● 17世紀半ば以降，松前・07 _____ ・長崎・薩摩の四つの窓口を介して，幕府が海外貿易を管理。
・松前➡松前氏がアイヌとの窓口となる。
・07 _____ ➡宗氏を通じた朝鮮との貿易を釜山の倭館で行う。
・長崎➡長崎奉行がオランダ人と中国人との交易を管理。
出島に居住。　唐人屋敷に居住。
・薩摩➡08 _____ 氏が琉球との窓口となる。

▲日本の対外関係

### 朝鮮・琉球との交流

・朝鮮：将軍の代がわりごとに 09 _____ を日本に派遣。
・琉球：将軍の代がわりごとに 10 _____ を，琉球国王の代がわりごとに 11 _____ を幕府に派遣。

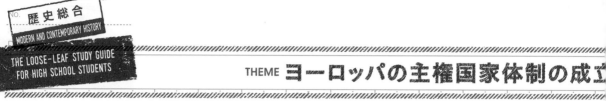

THEME **ヨーロッパの主権国家体制の成立**

## 15〜17世紀のヨーロッパの流れ

| 年代 | ヨーロッパのできごと |
| --- | --- |
| ☐ 1494 | フランスがイタリアに侵入し，01 _____ 戦争がおこる（〜1559） |
| ☐ 16 c 前半 | 02 _____ 改革が始まる ◀ ローマ=カトリック教会の腐敗を批判。ルターやカルヴァンによって展開され，キリスト教はカトリック（旧教）とプロテスタント（新教）に分かれた。 |
| ☐ 1618 | ドイツで 03 _____ 戦争がおこる（〜1648） |
| ☐ 1648 | 04 _____ 条約が結ばれる |

## 主権国家体制の形成

背景：15 〜 16 世紀に，教皇や神聖ローマ皇帝（かつてローマ帝国の後継国家を自任）などの普遍的な権威がおとろえたことで，封建制にかえて国王が強い力をもつ中央集権化した国があらわれた。

↓

●主権国家：明確な支配領域（国土）をもち，外国から干渉されずに政治を行う権限（主権）をもつ近代国家。➡ 15 世紀末に始まった 01 _____ 戦争の過程のなかで形成が進んだ。
　　　　　　└▶ イタリアをめぐる神聖ローマ帝国とフランスの戦い。

　　　　　　　│ 主権国家体制 │＝主権をもつ国家同士が対等に競合する国際秩序。
　　　　　　　　　　　　　　　　　　　　　　　　　　　　　　　　　（中国と周辺国の朝貢関係とは異なるね。）
　　　　　　　　　↓　　　└▶ ドイツを戦場とした宗教戦争。ヨーロッパ諸国が参戦したことから，国際戦争に発展した。

● 04 _____ 条約：**三十年戦争**の講和条約。各国の代表が紛争の解決のため，近代的な国際会議の形で交渉・条約を結んだことからヨーロッパの主権国家体制の形成の画期となった。

　　　　　　　　　　　　　　　　　　　　　　　　　（植民地を獲得しようとする動きにつながったよ。）

・05 _____ 王政：君主が絶対の権限をもち，常備軍と官僚機構をそなえた国家。
　　　　　　➡主権国家の形成期にみられた国家体制。

　　　06 _____ 政策をとり，国内の経済を保護し貿易の振興をめざす。
　　　└▶ 常備軍と官僚機構を維持する財源のため。

### フランス

国王 07 _____ のときにフランス絶対王政の最盛期。

### イギリス

君主による絶対王政ではなく 08 _____ 制が発達。
08 _____ と政府を中心とする中央集権化が進んだ。

▲ルイ14世

No.

Date

歴史総合
MODERN AND CONTEMPORARY HISTORY

THE LOOSE-LEAF STUDY GUIDE
FOR HIGH SCHOOL STUDENTS

# THEME ヨーロッパの海外進出と市民社会

## ヨーロッパの海外進出の流れ

| 年代 | ヨーロッパのできごと |
|---|---|
| □ 1600 | 01＿＿＿＿＿＿，東インド会社設立 |
| □ 1602 | 02＿＿＿＿＿＿，東インド会社設立 |
| □ 1604 | 03＿＿＿＿＿＿，東インド会社設立 |
| □ 1664 | フランス，東インド会社を再建 |
| □ 17 c 後半 | 大西洋での 04＿＿＿＿＿＿貿易が本格化 |
| □ 1757 | イギリス，インドでの 05＿＿＿＿＿＿の戦いでフランスに勝利 |

> アジアとの貿易や植民地経営を行った。イギリスの東インド会社は，植民地では政府のような性格ももった。

## アジアとの経済関係

● 背景：ヨーロッパで香辛料・香料，綿織物などの需要が高まる。

➡ イギリス・オランダ・フランスは東インド会社を設立し，アジアとの交易に乗り出す。

・ 01＿＿＿＿＿＿：インドネシアから撤退し，インドにおける植民地拡大をめざす。
  └ 1623 年のアンボイナ事件による。

・ 02＿＿＿＿＿＿：ジャワのバタヴィアを拠点に香辛料貿易を独占。

・ 03＿＿＿＿＿＿：インドに進出するが，イギリスとの抗争に敗れ，18 世紀には撤退。
  └ 1757 年のプラッシーの戦いで，イギリス東インド会社軍が，
    フランス軍を後ろ盾とした現地勢力を撃破。

## 大西洋の経済関係

● 04＿＿＿＿＿＿貿易

・ ヨーロッパの商人は，西アフリカに武器を輸出して奴隷を買い，そこからカリブ海や南北アメリカの植民地へ奴隷を送りこんだ。

・ 植民地からヨーロッパには砂糖・コーヒー・タバコなどが送られた。

↓

● 影響：西アフリカでは人口減少による伝統文化の破壊，植民地ではプランテーション経営に依存した経済の 06＿＿＿＿＿＿化が進む。

北アメリカ
タバコ・コーヒー
砂糖・コーヒー
ヨーロッパ
大西洋
火器・雑貨
カリブ海
南アメリカ
アフリカ
奴隷

▲大西洋三角貿易

THEME **ヨーロッパの海外進出と市民社会**

## ヨーロッパの思想・文化の流れ

| 年代 | ヨーロッパのできごと |
|---|---|
| ☐ 1651 | 07＿＿＿＿＿＿＿，『リヴァイアサン』を刊行 |
| ☐ 1690 | 08＿＿＿＿＿＿＿，『統治二論』（『市民政府二論』）を刊行 |
| ☐ 1733 | 09＿＿＿＿＿＿＿，『哲学書簡』（『イギリス便り』）を刊行（～1734） |
| ☐ 1748 | 10＿＿＿＿＿＿＿，『法の精神』を刊行 |
| ☐ 1751 | 『百科全書』が刊行される（～1772） |
| ☐ 1755 | 11＿＿＿＿＿＿＿，『人間不平等起源論』を刊行 |
| ☐ 17～18c | ヨーロッパで新たな生活文化が形成される（生活革命） |

## ヨーロッパの生活革命

**大西洋三角貿易**
・アメリカ大陸からコーヒー・砂糖・綿花などがもたらされた。

**アジアとの貿易**
・中国産の茶・陶磁器・絹織物，インド産の綿織物などがもたらされた。

↓

●生活革命：大航海時代（15～17c）以降，ヨーロッパにない物
品が流入し，ヨーロッパの人々の生活に大きな変化を
もたらしたことをいう。

（グラフ）
(%)
80 70 60 50 40 30 20 10 0
絹・綿織物
黒胡椒
中国陶磁器
コーヒー
茶
1670 80 90 1700 10 20 30 40 50 60年
▲イギリス東インド会社のおもな輸入品

## 18世紀の思想

● 12＿＿＿＿＿＿＿思想：理性をよりどころにし，社会の進歩と改善をめざす考え方。
伝統的な慣習や制度を批判した。
のちのアメリカ独立革命やフランス革命に影響を与えた。

### 啓蒙思想家

・ 09＿＿＿＿＿＿＿：フランスの啓蒙思想家。フリードリヒ2世（プロイセン）やエカチェリーナ2
世（ロシア）などの啓蒙専制君主に思想的影響を与えた。

・ 10＿＿＿＿＿＿＿：国家権力を立法・司法・行政の3つに分ける三権分立を提唱。

・ 11＿＿＿＿＿＿＿：人民主権や社会契約にもとづく直接民主政を説く。

# HEME イギリス産業革命

## 産業革命の流れ

| 年代 | 産業革命のできごと |
|---|---|
| □ 17 c | インド産の綿織物が人気商品となる |
| □ 18 c 後半 | イギリスで 01 _____ 革命が始まる |
| □ 1769 | ワットが蒸気機関の改良に成功（02 _____ 革命） |
| □ 19 c 前半 | 機械打ちこわし（03 _____ ）運動がおこる |
| □ 1819 | 蒸気船による最初の大西洋横断に成功 |
| □ 1830 | リヴァプール ― マンチェスター間で 04 _____ が開通 |

> 水力，風力などの自然力にかえて，蒸気機関がさまざまな機械の動力になった。

## 産業革命の背景

> 資本主義社会が形成されていった。

産業革命とは，工業を基礎とした経済への移行と，それにともなう社会の変化のこと。技術革新により，機械制工場生産が確立した。

●広大な植民地➡原材料の供給地や工業製品の海外市場があった。

●大西洋三角貿易➡商工業者は貿易から利益を得て工業化のための資本をもっていた。

●18 世紀に農地の 05 _____ が進み，土地を失った農民が工場の労働力となった。
┌●小生産者の土地が地主に吸収された。エンクロージャーともいう。

➡新しい農法の開発や農具の改良によって，農業生産が増大した（06 _____ 革命）。

## 産業革命期のおもな技術革新

| 発明年 | 人物 | 発明品 |
|---|---|---|
| 18 c 初め | ニューコメン | 蒸気機関，ポンプ |
| 1709 年 | ダービー | コークス製鉄法 |
| 1733 年 | 07 _____ | 飛び杼 |
| 1764 年頃 | ハーグリーヴズ | 多軸紡績機（ジェニー紡績機） |
| 1769 年 | ワット | 蒸気機関の改良 |
| 1769 年 | 08 _____ | 水力紡績機 |
| 1779 年 | 09 _____ | ミュール紡績機 |
| 1785 年 | カートライト | 力織機 |
| 1807 年 | フルトン | 蒸気船 |
| 1814 年 | 10 _____ | 蒸気機関車の実用化 |

> 蒸気機関を動力としたよ！

## 産業革命の進展

● 18世紀前半：綿織物（キャラコ）の需要が高まり，イギ
　リス国内での大量生産が求められる。

▲イギリスの紡績工場

● 18世紀：綿工業分野で技術革新があいつぐ。

・飛び杼が発明され，織布が大量生産される。➡綿糸不足
　をおぎなうため，ジェニー紡績機，水力紡績機などの紡
　績機が発明される。

　　　　┌─石炭を使った。
● 18世紀後半：蒸気機関が改良され，広く機械の動力源として利用される（02 ⬚⬚⬚⬚ 革命）。

● 18世紀後半〜19世紀前半：ジェニー紡績機と水力紡績機の
　長所をとり入れたミュール紡績機を発明。

　➡蒸気機関を利用した蒸気船や蒸気機関車なども発明され，
　　交通が発達（11 ⬚⬚⬚⬚ 革命）。大量の製品などを高速で輸送。

　　　　┌──────────────────┐
　　　　│ イギリスは「12 ⬚⬚⬚⬚⬚⬚ 」とよばれる │
　　　　└──────────────────┘

▲産業革命期のイギリス。炭田の近くに発達した大き
な都市を中心に，交通網が発達した。

## 産業革命の影響

産業革命によって都市への人口の集中が進み，マンチェスター
などの工業都市が急速に発展。

・大気汚染などの公害，疫病の流行などの社会問題が発生。

・劣悪な労働環境により，13 ⬚⬚⬚⬚ の生活水準が低下。

・資本家と13 ⬚⬚⬚⬚ の経済的な格差が広がる。

・資本家：生産手段をもつ。労働者を雇う。

・13 ⬚⬚⬚⬚ ：支払われた賃金によって
　生活する。

### 各国の産業革命の始まり

19世紀前半以降，西ヨーロッパ諸国やアメリカ合衆国などで工業化が始まる。

| 19世紀初め | フランス | ナポレオンの保護政策によって始まる。 |
|---|---|---|
| 19世紀前半 | プロイセン（ドイツ） | 1870年代に重化学工業が発展。 |
| 19世紀半ば | 14 | 南北戦争後に発展。19世紀末に工業生産世界1位。 |
| 19世紀後半 | ロシア | 農奴解放令（1861）を機に始まる。 |
| 19世紀末 | 15 | 日清・日露戦争後に発展。 |

No.

Date

歴史総合
MODERN AND CONTEMPORARY HISTORY

THE LOOSE-LEAF STUDY GUIDE
FOR HIGH SCHOOL STUDENTS

THEME **アメリカ独立革命**

## アメリカ独立革命の流れ

| 年代 | アメリカのできごと |
| --- | --- |
| ☐ 1754 | 01 _____ 戦争が始まる（〜 1763） |
| ☐ 1765 | 02 ____ 法が制定される |
| ☐ 1773 | 03 ____ 法が定められる |
|  | 04 _____ 事件がおこる |
| ☐ 1774 | 大陸会議が開かれ，イギリス本国政府に抗議 |
| ☐ 1775 | アメリカ独立戦争が始まる（〜 1783） |
| ☐ 1776 | 植民地側が 05 _____ を発表 |
| ☐ 1783 | 06 _____ 条約が結ばれ，アメリカ合衆国の独立が承認される |
| ☐ 1787 | 合衆国憲法が制定される |

> イギリスは，たび重なる
> 戦争が原因で，財政難に
> おちいった。

## 北アメリカ大陸のヨーロッパ植民地

> 13の植民地が
> 建設されたよ！

● 17 世紀からイギリスの北アメリカ植民地の建設が始まる。

18 世紀には人口が増加するとともに各種産業が発達。

北部：工業や海運業が発達。

自営農民・商工業者が自由貿易に参加する。

南部：奴隷制による 07 _____ でタバコや米

などの商品作物を栽培。

①ニューハンプシャー ⑧ペンシルヴェニア
②マサチューセッツ ⑨メリーランド
③ロードアイランド ⑩ヴァージニア
④コネティカット ⑪ノースカロライナ
⑤ニュージャージー ⑫サウスカロライナ
⑥デラウェア ⑬ジョージア
⑦ニューヨーク

▲独立前の 13 植民地

## イギリスの重商主義政策

● 01 _____ 戦争（1754 〜 63）

北アメリカの支配をめぐって，イギリスとフランスが衝突。

↓

イギリスは勝利したが財政赤字に。赤字解消のために，植民地への課税を強化した。

・ 02 ____ 法：印刷物にきめられた額の印紙をはって納税することを義務づけた。

➡植民地側は「代表なくして課税なし」と主張，課税は撤回された。
　　　└●植民地は本国議会に代表権をもたないことから，本国は植民地に
　　　　課税できないとする主張。

・ 03 ____ 法：東インド会社に茶の販売権を独占させた。

➡ 04 _____ 事件などの反発がおこった。
　　　└●植民地の人々が東インド会社の船をおそい，積み荷の茶を海に捨てた事件。

歴史総合
NO.
MODERN AND CONTEMPORARY HISTORY
THE LOOSE-LEAF STUDY GUIDE
FOR HIGH SCHOOL STUDENTS

THEME アメリカ独立革命

## アメリカ独立戦争の流れ

●アメリカ独立戦争（1775 ～ 83）

→北アメリカ植民地の独立をめぐり，植民地側とイギリスとの間でおきた戦争。

1774 年　植民地側は，大陸会議を開催して，イギリスの対応に抗議。

↓

1775 年　ボストン郊外での武力衝突をきっかけに開戦。

　　　　・植民地側の総司令官は 08　　　　　　　　。

↓

1776 年　09　　　　　　　　が『コモン=センス』を出版。

　　　　植民地側が 05　　　　　　　を発表。- - - - - - - - - ▶

　　　　・10　　　　　　　　　　　らが起草。

　　　　・ロックの自然法思想にもとづく。
　　　　　•自然状態において存在する，普遍的に守られるべき法。

↓

1783 年　植民地側が勝利し，06　　　　　条約を結んで

　　　　アメリカ合衆国として独立。

> ### 独立宣言
> われわれは，以下の原理は自明のことと考える。まず，人間はすべて平等に創造されており，創造主から不可譲の諸権利を与えられており，それらのなかには生命，自由，幸福追求の権利がある。次に，これらの権利を保障するためにこそ，政府が人間のあいだで組織されるのであり，公正なる権力は被統治者の同意に由来するものである。……
> （歴史学研究会編『世界史史料7』）

●アメリカ独立戦争では，はじめはイギリス軍が優勢だったが，フランス，スペイン，オランダなどの協力を得て，植民地側が勝利した。

## 合衆国憲法の制定

●合衆国憲法：1787 年制定。独立宣言の理念にもとづいて定められた，自由・平等な市民の主権を認める憲法。

↓

世界ではじめての大統領制国家となる。

### 合衆国憲法の特徴

・11　　　　　　：立法（二院制の連邦議会）・行政（大統領と連邦政府）・司法（連邦裁判所）からなる体制。

→権力のかたよりを防ぐために，互いに抑制しあう。

・12　　　　制：各州にある程度の権限を認めつつも，連邦政府（中央政府）の権限を強化しようとする制度。

立法

行政　　司法

▲三権分立

No.
Date

歴史総合
MODERN AND CONTEMPORARY HISTORY

THE LOOSE-LEAF STUDY GUIDE
FOR HIGH SCHOOL STUDENTS

THEME **フランス革命とナポレオン**

## フランス革命の流れ

| 年代 | フランスのできごと |
|---|---|
| ☐ 1789 | ルイ 16 世，01 _____ を招集 |
| | 第三身分を中心に国民議会を結成 |
| | 02 _____ 牢獄の襲撃がおこる |
| | 03 _____ を採択 |
| ☐ 1791 | 立法議会が成立 |
| ☐ 1792 | 国民公会が成立（04 ____ 政） |
| ☐ 1793 | ルイ 16 世を処刑 |
| ☐ 1795 | 総裁政府が成立 |

> アメリカ独立戦争を経て破綻した国家財政を再建しようと，特権階級への課税を審議するために開かれた。

## 革命の経過

> ブルジョワ・都市民衆・農民を含む。

革命前のフランスでは，第一身分（聖職者），第二身分（貴族），第三身分（平民）からなる

05 _____ （アンシャン゠レジーム）が維持されていた。

国王ルイ 16 世が 01 _____ を開催。
  └─ 身分制議会。約 170 年ぶりに開催された。

[国民議会] ：三部会のメンバーのうち，第三身分を中心に結成。

憲法の制定が目標。

・パリの民衆が 02 _____ 牢獄を襲撃。

・03 _____ （人間及び市民の権利の宣言）を発表。

・フランス初の憲法となる 1791 年憲法を制定。
  └─ 立憲君主政と制限選挙がおもな内容。

第一身分
第二身分
第三身分
▲革命前の社会を描いた風刺画

[立法議会] ：国民議会解散後，1791 年憲法にもとづいて成立した議会。

・革命に干渉する 06 _____ に宣戦。

・パリ民衆が王宮を占領し，王権を停止。

  ┌─ 1793 年憲法で規定された。
[国民公会] ：**男子普通選挙**によって成立。共和政が始まる（04 ____ 政）。徴兵制を導入。

・ルイ 16 世を処刑。
  ┌─ 山岳派ともいわれる。
・ロベスピエールを中心とする 07 _____ 派が恐怖政治を行う。

・テルミドール 9 日のクーデタによってロベスピエールらは処刑され，07 _____

派は失脚。

[総裁政府] ：1795 年憲法にもとづいて成立した共和政府。

THEME **フランス革命とナポレオン**

## ナポレオン時代の流れ

| 年代 | フランスのできごと |
|---|---|
| ☐ 1799 | ナポレオン，08＿＿＿＿のクーデタで統領政府を組織 |
| ☐ 1804 | ナポレオンが皇帝となる（09＿＿＿＿政） |
| | 民法典（ナポレオン法典）を制定 |
| ☐ 1806 | 神聖ローマ帝国が解体 |
| | 10＿＿＿＿令を発する |
| ☐ 1812 | ロシア遠征に失敗 |
| ☐ 1814 | ナポレオン，11＿＿＿＿戦争に敗れて退位 |
| ☐ 1815 | ナポレオンが再び帝位につくが，12＿＿＿＿の戦いに敗れ，再び退位 |

植民地をめぐって争っていた
イギリスに対抗！

## ナポレオンの統領政府

イタリア遠征やエジプト遠征で名声を高めたナポレオン＝ボナパルトが，

08＿＿＿＿のクーデタをおこして新政府を樹立。

●統領政府：ナポレオンを第一統領とする，実質上のナポレオンの独裁政府。

　・フランス銀行の設立，民法典（ナポレオン法典）の制定。

↓

国民投票によって皇帝となる（09＿＿＿＿政）

## ナポレオン戦争

1806年　神聖ローマ帝国を消滅させるなど，ヨー

　　　ロッパ大陸のほとんどを従わせた。

　　　10＿＿＿＿令を発して，大陸の諸国

　　　に，イギリスとの通商を禁止させた。

↓

1812年　ロシア遠征に失敗。

↓

1813年　11＿＿＿＿戦争が支配下の各地で始ま

　　　り，敗れたナポレオンは翌年退位した。

↓

1815年　ナポレオンが再び皇帝の位につく。

　　　12＿＿＿＿の戦いに敗れて退位し（**百日天下**），セントヘレナ島へ追放された。

復位してからワーテルローの戦いで敗れるまで
約100日であったことに由来。

大西洋　イギリス王国　オランダ王国　プロイセン王国　モスクワ　ティルジット　ロシア帝国　ワーテルロー　ワルシャワ大公国　アミアン　ライン同盟　ライプツィヒ　パリ　イエナ　アウステルリッツ　フランス帝国　イタリア王国　黒海　スペイン王国　エルバ島　トラファルガー　地中海　エジプト

フランス帝国　大陸封鎖の範囲
ナポレオンの従属国　→ナポレオンの進路
ナポレオンの同盟国　☓ おもな戦場
その他の諸国

▲ナポレオンによる大陸支配

No.

歴史総合
MODERN AND CONTEMPORARY HISTORY

Date

THE LOOSE-LEAF STUDY GUIDE
FOR HIGH SCHOOL STUDENTS

# HEME ウィーン体制の成立

## ウィーン体制の流れ

| 年代 | ウィーン体制下のできごと |
|---|---|
| ☐ 1814 | 01 ＿＿＿＿＿ 会議が開かれる（〜 1815） |
| ☐ 1815 | 02 ＿＿＿＿＿ 同盟が結ばれる |
| | 03 ＿＿＿＿＿ 同盟が結ばれる（のちに五国同盟） |
| ☐ 1829 | 04 ＿＿＿＿＿ がオスマン帝国から独立 |
| ☐ 1830 | フランスで 05 ＿＿＿＿＿ 革命がおこる |
| ☐ 1848 | フランスで 06 ＿＿＿＿＿ 革命がおこる |
| | ドイツで 07 ＿＿＿＿＿ 革命がおこる |

ウィーン体制の崩壊

## ウィーン会議後のヨーロッパ

● 01 ＿＿＿＿＿ 会議：ナポレオン後の新たなヨーロッパの国際秩序について話し合われた。

　　オーストリアの外相 08 ＿＿＿＿＿＿＿＿＿ が主催。

ブルボン朝が
復活したよ！

・ 09 ＿＿＿＿＿ 主義：領土や秩序をフランス革命以前の状態に戻そうとする考え方。

・ 10 ＿＿＿＿＿：同程度の力をもつことで，互いに国際関係支配を阻止しようとする考え方。

- 11 ＿＿＿＿＿
- オーストリア帝国
- プロイセン王国
- ウィーン条約で各国が得た領域

オランダ
ベルギー併合

11 ＿＿＿＿＿ 結成

イギリス

ロシア帝国

オランダ王国

プロイセン王国

ポーランド王国

ロシア皇帝が
ポーランド王を兼ねる

大 西 洋

フランス・スペイン・ナポリ
ブルボン王家が復活

フランス王国

スイス

ロンバルディア

オーストリア帝国

ヴェネツィア

黒 海

スペイン王国

スイス
永世中立国となる

オーストリア
北イタリア（ロンバルディアやヴェネ
ツィア）を獲得

地 中 海

## THEME ウィーン体制の成立

### ウィーン体制を支える同盟

● 02 _____ 同盟（1815）➡キリスト教の友愛精神を基調とした君主間の同盟。

> ロシア皇帝が提唱！

● 03 _____ 同盟（1815，五国同盟は 1818）

➡イギリス・ロシア・オーストリア・プロイセンが結成した軍事的・政治的同盟。

のちにフランスが加盟して五国同盟となった。

> 革命の再発防止。

これらの同盟を含め，01 _____ 会議で形成された国際秩序のことをウィーン体制という。

### 自由主義・ナショナリズム

フランス革命・ナポレオン戦争を通じて，自由や平等などの
革命の理念がヨーロッパに広がっていた。しかし，ウィーン体
制下では抑圧された。

**自由主義**

君主の権力を憲法によって制限し，議会を開いて市民の政
治参加を実現しようとする考え方。

➡王政が復活していたフランスで 05 _____ 革命（1830）

がおこり，立憲君主政が確立。

▲ドラクロワの「民衆を導く自由の女神」。七月革命をモチーフとした。

12 _____

①国民主義：ある国に属する人々が，共通の法，同一の言語，同等の権利のもとに一つの国家として
まとまること。

②民族主義：同じ言語や文化をもつ人々が，国境をこえて一つにまとまろうとすること。

> ①や②の原理をもとに
> 国民国家が形成される。

ギリシア独立運動（1829），ベルギー独立（1830）の成功。

その一方で，宗主国に弾圧されて失敗する運動も多かった。

### 1848 年革命

1848 年にヨーロッパの多くの国で，自由主義的な政治を求めて革命がおこった（「諸国民の春」）。

➡ウィーン体制の崩壊。

● 06 _____ 革命：フランスのパリで蜂起。➡第二共和政が成立。

> ➡憲法制定。

● 07 _____ 革命：06 _____ 革命に影響され，プロイセンやオーストリアなどで革命がおこる。

No.

歴史総合
MODERN AND CONTEMPORARY HISTORY

Date

THE LOOSE-LEAF STUDY GUIDE
FOR HIGH SCHOOL STUDENTS

THEME **19 世紀のイギリスとフランス**

## 19世紀のイギリスの流れ

| 年代 | イギリスのできごと |
|---|---|
| ☐ 1832 | 第 1 回選挙法改正 |
| ☐ 1846 | コブデン・ブライトらの運動により，01 _____ 法を廃止 |
| ☐ 1848 | マルクスとエンゲルス，『02 _____ 宣言』を公刊 |
| ☐ 1851 | 第 1 回 03 _____ がロンドンで開催される |
| ☐ 1867 | 第 2 回選挙法改正 |
| ☐ 1870 | 教育法を発布➡初等教育の普及 |
| ☐ 1871 | 労働組合法を発布➡組合活動を合法化 |
| ☐ 1884 | 第 3 回選挙法改正 |

> 本国の工業製品だけでなく植民地の産品も展示し，「パクス＝ブリタニカ（イギリスの平和）」とよばれる繁栄を誇示した。

## 19世紀のイギリスの諸改革

04 _____ 女王のもとで，自由党と保守党による二大政党制が確立。

● 19 世紀を通じて選挙権が徐々に拡大された。

・労働者階級が，政治参加を求めて

05 _____ 運動を展開。

┌➡地主の利益を守るためのものだった。

● 自国の農業を保護するための

01 _____ 法を廃止。

1849 年には航海法を廃止。

➡自由貿易体制への移行。

▼イギリスの選挙法改正による選挙権拡大

| | 拡大の対象 |
|---|---|
| 第 1 回(1832) | 産業資本家 |
| 第 2 回(1867) | 06 _____ の労働者，中小商工業者 |
| 第 3 回(1884) | 07 _____ 労働者，鉱山労働者 |
| 第 4 回(1918) | 21 歳以上の男子に普通選挙権 |
| | 30 歳以上の女子に制限選挙権 |
| 第 5 回(1928) | 21 歳以上の男女に普通選挙権 |
| 第 6 回(1969) | 18 歳以上の男女に普通選挙権 |

## 社会主義思想

産業革命以後の資本主義の急速な発展にともなって，さまざまな問題が生じた。

・児童労働，低賃金，長時間労働など。

➡工場法で，9 歳以下の労働の禁止，年少者と成人女性の労働時間の短縮などが実現。

・社会主義思想の発達：資本主義社会の問題を背景に，マルクスとエンゲルスが『02 _____ 宣言』を発表。

マルクスらは自分たちの思想を「科学的社会主義」とよぶ一方で，協働社会主義を説くオーウェン，サン＝シモンらの思想を「空想的社会主義」として批判。

└➡マルクスが自分たち以前の社会主義は理想論にすぎないと批判したことによる。

## THEME 19世紀のイギリスとフランス

### 19世紀後半のフランスの流れ

| 年代 | フランスのできごと |
| --- | --- |
| ☐ 1851 | ルイ=ナポレオン，クーデタにより独裁権をにぎる |
| ☐ 1852 | ルイ=ナポレオンが皇帝となる（第二帝政） |
| ☐ 1854 | クリミア戦争に参戦（～1856）➡これを皮切りに対外戦争をくり返した |
| ☐ 1870 | ドイツとの 08 ＿＿＿＿＿＿＿＿＿ 戦争がおこる（～1871） |
| ☐ 1871 | 自治政府（09 ＿＿＿＿＿＿＿＿＿）を結成 |
| ☐ 1875 | 10 ＿＿＿＿ 憲法が制定される（第三共和政） |

> 屈辱的な講和の条件に
> 反対した民衆が蜂起した。

### フランスの政治体制

● 第二共和政：1848年の 11 ＿＿＿＿＿ 革命で成立。

・社会主義者が歴史上はじめて政府に参加。

・男子普通選挙が行われた。

> ナポレオン1世の甥。

● 第二帝政：国民投票による信任を得て，ルイ=ナポレオンが皇帝 12 ＿＿＿＿＿＿＿＿＿ として
即位（1852）。

・国内：鉄道・銀行の整備を行い，国内産業を育成。

・国外：国際社会での復権をめざし，対外戦争をくり返す。

・08 ＿＿＿＿＿＿＿＿＿ 戦争で
敗れ，12 ＿＿＿＿＿＿ は捕虜となった。

> **ナポレオン3世の対外戦争**
> ・クリミア戦争（1853～1856）
> ・アロー戦争（1856～1860）
> ・インドシナ出兵（1858～1867）
> ・イタリア統一戦争（1859）
> ・メキシコ出兵（1861～1867）

● 第三共和政：第二帝政崩壊後に臨時政府が成立。

・パリの民衆を中心に樹立された自治政府
（09 ＿＿＿＿＿＿＿＿＿）を制圧。

・10 ＿＿＿＿ 憲法を制定。

・公教育の整備。

・政教分離の徹底。

No.
Date

歴史総合
MODERN AND CONTEMPORARY HISTORY

THE LOOSE-LEAF STUDY GUIDE
FOR HIGH SCHOOL STUDENTS

## THEME 19世紀のイタリアとドイツ

### 19世紀のイタリアの流れ

| 年代 | イタリアのできごと |
|---|---|
| ☐ 1831 | マッツィーニにより「01_____」が組織される |
| ☐ 1859 | サルデーニャ王国，ロンバルディアを獲得 |
| ☐ 1860 | サルデーニャ王国，中部イタリア諸国を併合 |
| | 02_____ が両シチリア王国を占領 |
| ☐ 1861 | イタリア王国が成立 |
| ☐ 1866 | 03_____ を併合 |
| ☐ 1870 | 04_____ 領を併合 |

> 12世紀から続く，イタリア南部と
> シチリア島を支配した王国。

### イタリアの統一

小国に分かれていたイタリアでは，統一運動が展開された。

1831年：マッツィーニが政治結社の「01_____」を組織。

・共和政樹立とイタリアの統一をめざす。

1849年：ローマ共和国樹立➡フランスの干渉で崩壊。

サルデーニャ王国の台頭

国王：05_____

首相：06_____

・立憲君主制をとり，近代化を進める。

1859年：ロンバルディアを獲得。

1860年：中部イタリア諸国を併合。
   └ サヴォイアとニースをフラン
     スにゆずる見返りに得た。

カヴールが説得

1861年：イタリア王国が成立。
   サルデーニャ王に献上

1866年：03_____ を併合。

1870年：04_____ 領を併合。➡イタリア統一
   └ イタリア統一後，オーストリアに残ったイタリア系の住民の多い地域のこと。

・トリエステや南チロルが「07_____ のイタリア」として残される。

・北部（工業化が進む）と南部（農業中心）の経済格差が残される。

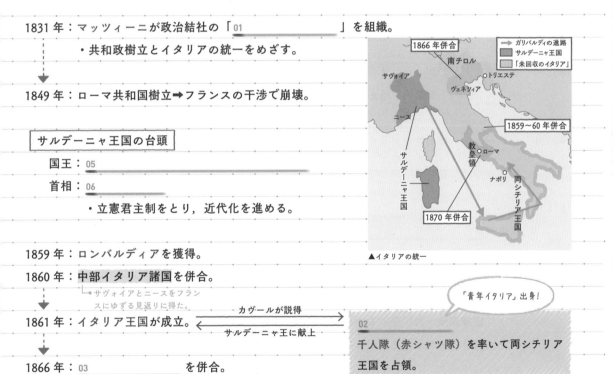

「青年イタリア」出身！

02_____
千人隊（赤シャツ隊）を率いて両シチリア
王国を占領。

▲イタリアの統一

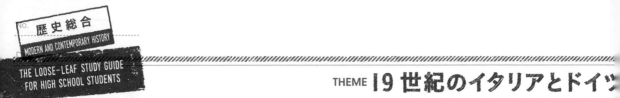

歴史総合
MODERN AND CONTEMPORARY HISTORY
THE LOOSE-LEAF STUDY GUIDE
FOR HIGH SCHOOL STUDENTS

THEME **19 世紀のイタリアとドイツ**

## 19世紀のドイツの流れ

| 年代 | ドイツのできごと |
|---|---|
| □ 1848 | 08 ＿＿＿＿＿＿＿ 国民議会が開かれる |
| □ 1862 | ビスマルクがプロイセンの首相となる |
| □ 1866 | 09 ＿＿＿＿＿＿＿ 戦争がおこる ➡勝利 |
| □ 1870 | 10 ＿＿＿＿＿＿＿ 戦争がおこる（〜 1871）➡勝利 |
| □ 1871 | ドイツ帝国が成立 |
| □ 1878 | ビスマルクの仲介で 11 ＿＿＿＿＿ 会議が開かれる |
| □ 1882 | オーストリア・イタリアと 12 ＿＿＿＿＿ 同盟を結ぶ |

> 地主貴族ユンカー出身！

## ドイツの統一

> 三月革命の結果
> 召集された。

1848 年：08 ＿＿＿＿＿＿＿ 国民議会

　　➡ドイツ統一の方式を議論したが，

　　　プロイセン王が帝位を拒否したため革命は失敗。

1862 年：ビスマルクがプロイセン首相に就任。

　　➡「13 ＿＿＿＿ 政策」を唱え，軍備拡張を推進。
　　└→「鉄」が武器，「血」が兵士を意味する。

1866 年：シュレスヴィヒとホルシュタイン両州をめぐる

　　09 ＿＿＿＿＿＿＿ 戦争に勝利。

1871 年：10 ＿＿＿＿＿＿＿ 戦争末期に，占領したヴェルサイユで，プロイセン国王がドイ

　　ツ皇帝 14 ＿＿＿＿＿ として即位。➡ドイツ統一

シュレスヴィヒ
ホルシュタイン

プロイセン

オーストリア＝
ハンガリー帝国

フランス

■ 1866 年以前のプロイセン領
■ 1866 年にプロイセンに併合された領域
---- 1867 年成立の北ドイツ連邦の南の境界線
— 1871 年成立のドイツ帝国の境界線
■ 1871 年にプロイセンがフランスから獲得

▲ドイツの統一

## ビスマルクの政策

> 労働者の支持を
> 得ようとした。

**内政** 「アメとムチ」の政策で労働者を支配。

　・アメ：医療保険・労災保険などの社会保険制度を整備。

　・ムチ：社会主義者鎮圧法で社会主義政党を弾圧。「15 ＿＿＿＿ 闘争」でカトリックを弾圧。

**外交** ビスマルク外交：対立するフランスの孤立化と，列強間の勢力バランスを保つことをめざす。

　・ロシア＝トルコ（露土）戦争の講和に際して「公正な仲買人（なかがいにん）」を自称。11 ＿＿＿＿＿ 会議
　　を開催。

　・オーストリア・イタリアと 12 ＿＿＿＿＿ 同盟を結ぶ。

No.
Date

歴史総合
MODERN AND CONTEMPORARY HISTORY

THE LOOSE-LEAF STUDY GUIDE
FOR HIGH SCHOOL STUDENTS

# THEME 19世紀のロシア

## 19世紀のロシアの流れ

| 年代 | 東方問題とロシアのできごと |
|---|---|
| ☐ 1853 | 01 _____ 戦争が始まる（～1856） |
| ☐ 1856 | ➡ 02 _____ 条約で講和…黒海の中立化 |
| ☐ 1861 | 03 _____ 令をはじめとする近代化政策 |
| ☐ 1877 | 04 _____ 戦争が始まる（～1878） |
| ☐ 1878 | ➡ 05 _____ 条約で講和 |
| | ベルリン会議が開かれ，06 _____ 条約締結 |
| ☐ 1881 | 皇帝 07 _____ の暗殺 |

ドイツのビスマルク
が仲介したよ！

## 東方問題とロシアの南下政策

08 _____ 問題：オスマン帝国の弱体化にともなって生じた，その領土をねらう西欧列強による国際紛争の総称。

・南下政策をかかげるロシアは，オスマン帝国領への進出をめざす。
  └ 黒海から地中海へぬける航路を
    確保することを目的とした。

ルーマニア，セルビア，
モンテネグロの独立承認

● 01 _____ 戦争（1853～1856）：ロシアがオスマン帝国内のギリシア正教徒の保護を名目に開戦。

↓ ロシアの敗北

02 _____ 条約

➡ロシアは，黒海の中立化を定められた。
  └ 沿岸での軍事基地建設と
    軍艦の航行を禁止した。

サン＝ステファノ
講和条約による
ブルガリアの境界

● 04 _____ 戦争（1877～1878）

ロシアが，トルコ国内のスラヴ民族の保護を口実に開戦。

↓ ロシアの勝利

05 _____ 条約：ブルガリアをロシアの保護下におくことに成功。

06 _____ 条約：英・墺が 05 _____ 条約に反対し，ビスマルクが会議を主催。

➡ブルガリアの領土が縮小され，ロシアの権益縮小。➡南下政策挫折

ベルリン会議後の
オスマン帝国の領土

▲ベルリン会議後のバルカン半島の領土

ブルガリア
（自治国）
を統治

ロシア帝国

クリミア半島

黒海

モンテネグロ セルビア ブルガリア ルーマニア

ボスフォラス海峡

ダーダネルス海峡

サン＝ステファノ

オスマン帝国

## ロシアの近代化

07 _____ による近代化改革➡上からの改革のため失敗。
  └ 君主や官僚によって進められた改革。

・03 _____ 令：農民を領主から解放。しかし農民は農村共同体（ミール）にしばられた。
  └「人民のなかへ」をスローガンに，ミールを基盤とする社会主義を
    めざした運動。農民を啓蒙しようとした。

不満をもった知識人（インテリゲンツィア）が 09 _____ 運動を組織するも，失敗。

➡彼らの一部がテロリズム（暴力主義）へ。07 _____ を暗殺。

歴史総合
NO.
MODERN AND CONTEMPORARY HISTORY
THE LOOSE-LEAF STUDY GUIDE
FOR HIGH SCHOOL STUDENTS

THEME 19 世紀の文化と科学

## 19 世紀の文化・科学

### 思想

| 経済学 | ・リカード 英：古典派経済学者。自由貿易を唱えた。 |
| --- | --- |
| | ・01 _____ 独：『資本論』で資本主義社会を批判的に分析した。 |
| 哲学 | ・ベンサム 英：「最大多数の最大幸福」を掲げ，功利主義を主張。 |
| | ・02 _____ 独：弁証法哲学を提唱，大成した。 |
| 歴史学 | ・03 _____ 独：近代歴史学の基礎をつくり上げた。 |

### 科学

19 世紀には自然科学が飛躍的に発展した。

| 物理 | ・04 _____ 独：X線を発見。 |
| --- | --- |
| | ・キュリー夫妻 仏・ポーランド：ラジウムの発見。 |
| 医学 | ・05 _____ 仏：狂犬病の予防接種に成功。 |
| | ・06 _____ 独：結核菌，コレラ菌を発見。 |
| 生物 | ・07 _____ 英：『種の起源』で進化論を提唱。 |
| 交通・通信・技術 | ・ベル 米：電話機を発明。 |
| | ・エディソン 米：白熱電球などの発明。 |
| | ・ダイムラー 独：ガソリン自動車を完成。 |
| | ・ノーベル スウェーデン：ダイナマイトを発明。 |
| | ・ライト兄弟 米：飛行機の初飛行に成功。 |

移動・通信がラクに！

▲ダーウィンの戯画。人間の祖先が
サルであるという説は大きな衝撃
を与えた。

アフリカ・中央アジア・極地の探検も行われた。

## 国際的な諸運動

19 世紀後半のヨーロッパでは，国境をこえた連帯や協調が進んだ。

・08 _____ （1864 結成，〜 1876）

➡マルクスを指導者として，ロンドンで結成された国際的な労働者組織。

・国際赤十字（1863）

➡スイスの 09 _____ が創設。戦傷者の救護などを目的とした国際的組織。

No.

Date

歴史総合
MODERN AND CONTEMPORARY HISTORY

THE LOOSE-LEAF STUDY GUIDE
FOR HIGH SCHOOL STUDENTS

# THEME 19世紀の南北アメリカ

## 19世紀の南北アメリカの流れ

| 年代 | 南北アメリカ大陸のできごと |
|---|---|
| ☐ 1804 | ハイチ共和国が樹立 |
| ☐ 1812 | アメリカ=イギリス（米英）戦争が始まる（～1814） |
| ☐ 1819 | 01＿＿＿＿＿＿＿＿＿＿＿＿＿，大コロンビアを建国（～1830） |
| ☐ 1823 | アメリカ大統領，02＿＿＿＿＿＿＿宣言を発する |
| ☐ 1846 | アメリカ=メキシコ（米墨）戦争が始まる（～1848） |
| ☐ 1848 | カリフォルニアで03＿＿＿＿＿＿＿＿＿がおこる |
| ☐ 1861 | 共和党の04＿＿＿＿＿が大統領に就任 |
| | 南北戦争が始まる（～1865） |
| ☐ 1869 | 05＿＿＿＿＿鉄道が完成 |

> 世界中から人々が殺到し，人口が急増した。

## ラテンアメリカの独立

ラテンアメリカでは，ナポレオンがスペイン・ポルトガルを占領したことをきっかけに，独立運動が本格化。1810年代から20年代にかけて，次々と独立。

▼ラテンアメリカの独立

メキシコ 1821年
ハイチ 1804年
ベネズエラ 1819（1830）年
コロンビア 1819（1830）年
エクアドル 1822（1830）年
大コロンビア
ペルー 1821年
ブラジル 1822年
ボリビア 1825年
チリ 1818年

● ハイチ

元奴隷の 06＿＿＿＿＿＿＿＿＿＿＿＿＿＿が独立を指導。

➡ 1804年，ハイチ共和国を樹立。

> 世界ではじめてのアフリカ系による共和国。

● 01 ＿＿＿＿＿＿＿＿＿

クリオーリョ出身の独立運動の指導者。

・1819年，大コロンビアの独立を達成。

┌ アメリカ合衆国の第5代大統領が年次教書で発した声明。

● 02 ＿＿＿＿＿＿＿宣言：南北アメリカ大陸とヨーロッパの

相互不干渉を唱える。

➡ メッテルニヒによるラテンアメリカの独立運動への干渉を阻止。

## ラテンアメリカの社会階層

地主階層であるクリオーリョが，先住民やアフリカ系の奴隷を支配。

・クリオーリョ：入植したヨーロッパ人の子孫。植民地生まれ。

・メスティーソ：ヨーロッパ系と先住民の混血。

・ムラート：ヨーロッパ系とアフリカ系の混血。　　・アフリカ系奴隷　　・先住民

## アメリカ合衆国の拡大

1803 年：ナポレオン統治下のフランスから

07 _____ を購入。

➡領土が倍増。

1819 年：スペインからフロリダを購入。

> 他国の領土を自国のものにすること。

1845 年：メキシコから 08 _____ を併合。

1846 年：イギリスからオレゴンを併合。

> 領土の一部を譲りうけること。

1848 年：メキシコから 09 _____ を割譲。

➡アメリカ=メキシコ（米墨）戦争に勝利した結果。

▲アメリカ合衆国の領土拡大

イギリス領カナダ
1818 年にイギリスから割譲
オレゴン 1846 年に併合
ルイジアナ 1803 年 フランスから購入
独立した 13 州
カリフォルニア 1848 年 メキシコから割譲
ミシシッピ以東 1783 年 イギリスから割譲
テキサス 1845 年に併合
1853 年 メキシコから購入
フロリダ 1819 年に スペインから購入
メキシコ

## 南北戦争

|  | 奴隷制 | 貿易政策 |  | 支持政党 |
|---|---|---|---|---|
| 北部諸州 | 反対 | 工業中心なので 10 | 貿易 | 共和党 |
| 南部諸州 | 賛成 | 綿花輸出なので 11 | 貿易 | 民主党 |

●南北戦争（1861 ～ 1865）
> 奴隷制の拡大に反対した。

➡ 1861 年，共和党の 04 _____ が大統領となったことに反発した

南部諸州が連邦を離脱して新国家（アメリカ連合国）を結成。

04 _____ はこれを認めず南北戦争が始まる。

1863 年， 12 _____ 宣言を発し，国内外の世論を獲得。

ゲティスバーグの戦いに勝利して演説を行う。- - - - - - - - - - - - - - - - →

┌──────────────────────┐
│ 工業力にすぐれる北部が勝利 │
└──────────────────────┘

(提供:アフロ)

▲ 「人民の，人民による，人民のための政治」を訴えるリンカン

### 南北戦争後のアメリカ合衆国

・05 _____ 鉄道の建設：1869 年に完成。西部開拓が進展。

・人種差別問題：奴隷制は廃止されたが，経済的自立は難しく，アフリカ系への差別も横行。

・西部への領土拡大（西部開拓）の際に住む土地を奪われた先住民たちの問題も残った。

No.
Date.
歴史総合
MODERN AND CONTEMPORARY HISTORY
THE LOOSE-LEAF STUDY GUIDE
FOR HIGH SCHOOL STUDENTS

# THEME 西アジアの変化

## エジプト

18世紀，オスマン帝国は，地方の勢力の強
大化などのため衰退。

「01            問題」
ヨーロッパ列強による，オスマン帝国の領土
をめぐる国際紛争。

↓

● 02                        の統治

オスマン帝国軍人。フランス軍撤退後の
1805年，エジプト総督に任命され，自立
をめざす。

➡フランスの協力を得て，徴兵制による
　軍隊の近代化，学校の設立など富国強
　兵政策を実施。

↓

> ムハンマド゠アリー朝
> とよばれたよ。

エジプト゠トルコ戦争

➡近代化した軍でオスマン帝国に勝利し，
　事実上の独立を達成。

| 年代 | エジプトのできごと |
|---|---|
| ☐ 1805 | 02            がエジプト総督となる。 |
| ☐ 1831 | エジプト゠トルコ戦争がおこる（〜1833，1839〜1840） |
| ☐ 1869 | 03        運河が開通 |
| ☐ 1881 | ウラービーが蜂起（〜1882） |

> イギリスなどのエジプト支配に反対して，
> 軍人のウラービーがおこした。

スエズ運河
（1869開通）

ロシアの勢力

オスマン帝国

ガージャール朝

イギリス
の勢力

エジプト

ワッハーブ王国

▲ 1880年代の西アジア

● 03        運河の開通：1869年に完成したが，財政難となり，エジプトの国家財政・内政がイギ
　　　　　　リスやフランスの管理下におかれた。
　　　　　　➡外国の支配に対して軍人のウラービーが蜂起（1881〜1882）。
　　　　　　➡イギリスに鎮圧され，エジプトはイギリスの保護国化。

## オスマン帝国

19世紀に入り，エジプトの自立，
ギリシアの独立などがあいつぎ，
領土の縮小が進む。

| 年代 | オスマン帝国のできごと |
|---|---|
| ☐ 1839 | 西欧化改革（04            ）の開始 |
| ☐ 1876 | オスマン帝国憲法（05        憲法）を発布 |
| ☐ 1877 | ロシア゠トルコ（露土）戦争がおこる（〜1878） |
| ☐ 1878 | オスマン帝国，議会を停会 |

● 西欧化改革（04 _____ ）

1839 年に 06 _____ 勅令を発

布して，法律・政治・軍隊・教育の

近代化改革に着手。

➡帝国の再編・強化をめざした。

↓ しかし…

財政難におちいり，ヨーロッパ資本

の進出が進む結果に。

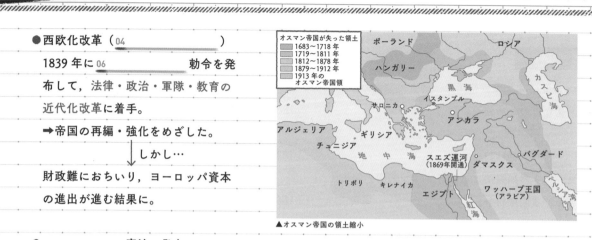

| オスマン帝国が失った領土 |
| 1683～1718 年 |
| 1719～1811 年 |
| 1812～1878 年 |
| 1879～1912 年 |
| 1913 年の オスマン帝国領 |

▲オスマン帝国の領土縮小

● 05 _____ 憲法の発布

宰相ミドハト゠パシャが起草したオスマン帝国初の憲法。

➡すべてのオスマン人に自由と平等を保障。

　二院制議会の設立や言論の自由を明記。

↓

　スルタンの 07 _____ は，ロシア゠トルコ

　（露土）戦争を理由に，議会と憲法を停止。

> **ミドハト憲法**
>
> 第8条　オスマン国籍を有する者
> は全て，いかなる宗教及び宗派
> に属していようとも，例外なく
> オスマン人と称される。
>
> （柏谷元編『トルコにおける議会制の展開』
> 一部要約）

## その他の国々

### ワッハーブ王国

・18 世紀中頃，オスマン帝国が支配するアラ

ビア半島で，08 _____ 派の運動が

おこる。
　　　┗イスラーム教の原点回帰をめざした
　　　　イスラーム改革派の運動。

➡アラビアの豪族 09 _____ 家が協力。

➡ 08 _____ 王国を建国。

| 年代 | アラビア・イランのできごと |
|---|---|
| □ 18 c 中頃 | 08 _____ 派の運動がアラビア半島でおこる |
| □ 18 c 末 | イランでガージャール朝が成立 |
| □ 1891 | イランで 10 _____ 運動が全国に拡大 |

### ガージャール朝

・18 世紀末に成立したイランの王朝。19 世紀前半にロシアとイギリスが進出。

　　　┗タバコの独占的利権がイギリス人に譲渡されることに
　　　　反対しておこった民衆運動。

・1891 年に，タバコの利権をめぐって，10 _____ 運動が全国でおこる。

➡利権の譲渡は撤回されたが財政は厳しくなり，列強への従属化が進む。

No.

Date

歴史総合
MODERN AND CONTEMPORARY HISTORY

THE LOOSE-LEAF STUDY GUIDE
FOR HIGH SCHOOL STUDENTS

## THEME 南アジア・東南アジアの植民地化

### 19世紀の南アジアの流れ

| 年代 | 南アジアのできごと |
|---|---|
| ☐ 1757 | イギリス東インド会社，01 _____ の戦いに勝利 |
| ☐ 1767 | マイソール戦争がおこる（～ 1799） |
| ☐ 1775 | マラーター戦争がおこる（～ 1818） |
| ☐ 1845 | シク戦争がおこる（～ 1849） |
| ☐ 1857 | インド人傭兵（02 _____ ）の反乱がおこる |
| ☐ 1858 | イギリス東インド会社が解散 |
| ☐ 1877 | 03 _____ 女王がインド皇帝に即位➡04 _____ 帝国の成立 |
| ☐ 1885 | インド国民会議を創設 |

> 現地の独裁政権を倒した。

### インドの植民地化

● ムガル帝国の衰退

18 世紀頃から地方領主層の自立化が進む。

↓ | イギリス・フランスが進出 |

・ 01 _____ の戦い（1757）

➡イギリス東インド会社が，05 _____ が支援する

現地勢力軍に勝利。

インドにおけるイギリスの優位が確定。

↓

・東インド会社は，マイソール戦争，マラーター戦争，シク

戦争に勝利。

↓

| インド全域を制圧 |

➡インドはイギリスへ綿花などの原材料を輸出し，イギリスから綿糸や綿織物を輸入する立場へ。

凡例：
- 1768～1805 年の直割領
- 1806～1859 年
- 19 世紀末のインド帝国

インド大反乱
ベンガル管区
プラッシーの戦い
カルカッタ
シャンデルナゴル（仏）
マドラス
ポンディシェリ（仏）

▲植民地インドの拡大

### インド大反乱

1857 年，インド人傭兵（02 _____ ）が反乱をおこし，北インド全域に広がった。

➡イギリスが鎮圧。ムガル帝国は滅亡した。

● 04 _____ 帝国の成立：イギリスは，1858 年に東インド会社を解散し，直接統治を始める。

1877 年に，03 _____ 女王がインド皇帝に即位し，

04 _____ 帝国が成立。

## THEME 南アジア・東南アジアの植民地化

### 19世紀の東南アジアの流れ

| 年代 | 東南アジアのできごと |
|---|---|
| ☐ 1802 | ベトナムで 06 ___ が阮朝を建てる |
| ☐ 1826 | イギリス，マレー半島に 07 ___ 植民地を形成 |
| ☐ 1834 | フィリピン，08 ___ を正式に開港 |
| ☐ 1868 | タイでチュラロンコン（ラーマ5世）が即位 |
| ☐ 1874 | ベトナムで劉永福の組織した 09 ___ がフランスに抵抗 |
| ☐ 1884 | 10 ___ 戦争がおこる（～1885） |
| ☐ 1887 | 11 ___ 連邦が成立 |
| ☐ 1895 | イギリス，12 ___ 連合州を結成 |

> タイの近代化をすすめ，イギリスとフランスの勢力均衡策を利用して，タイの独立を維持。

### インドネシア

19世紀にオランダがインドネシア全域を植民地支配。

➡コーヒー，サトウキビ，藍などの 13 ___ 制度を導入。莫大な利益をあげる。
 └ 村落に作物の栽培量を割り当て，低価格で買いあげる制度。

### マレー半島

1826年，イギリスがペナン・マラッカ・シンガポールをあわせて 07 ___ 植民地とした。

➡1895年に 12 ___ 連合州を結成。イギリスの保護国に。

### フィリピン

スペインが1834年に 08 ___ を正式に開港。➡商品作物の
生産が増加し，プランテーションによる大土地所有制が成立。

▲東南アジアの植民地化

凡例：イギリス領／フランス領／オランダ領／スペイン領／ポルトガル領

### ベトナム

1802年 06 ___ がフランスの協力を得て阮朝を建国。
 ➡ 1858年にフランスが武力で植民地化を開始。

1874年 劉永福率いる 09 ___ がフランスに抵抗。

> 中国人部隊！

1884～85年 清がベトナムの宗主権を主張し，10 ___ 戦争がおこる。フランスが勝利。
 ➡ 1885年の 14 ___ 条約で清は宗主権を放棄，ベトナムはフランスの保護国に。

1887年 カンボジアとあわせて，11 ___ 連邦が成立。

### タイ

> 東南アジアで唯一の独立国。

チェラロンコン（ラーマ5世）による近代化。➡イギリスとフランスの緩衝地帯として独立を維持。

No.

Date.

歴史総合
MODERN AND CONTEMPORARY HISTORY

THE LOOSE-LEAF STUDY GUIDE
FOR HIGH SCHOOL STUDENTS

THEME **アヘン戦争**

## 19世紀の中国（清）の流れ

| 年代 | 中国のできごと |
|------|----------------|
| □ 1840 | イギリスとの間で 01 _____ 戦争が始まる |
| □ 1842 | 02 _____ 条約を結び，5港を開港 |
| □ 1844 | アメリカと望厦条約，フランスと黄埔条約を結ぶ |
| □ 1851 | 03 _____ が挙兵して太平天国を建てる（～ 1864） |
| □ 1856 | イギリス・フランスとの間で第2次アヘン戦争（04 _____ 戦争）が始まる |
| □ 1858 | 天津条約を結ぶ |
| □ 1860 | 05 _____ 条約を結ぶ |
| □ 1861 | 総理各国事務衙門（総理衙門）をおく ← 外交を管轄する官庁。 |
| □ 19c 後半 | 近代化をめざして 06 _____ 運動が始まる |

## アヘン戦争

| 背景 | 18世紀後半，イギリスでは中国からの茶の輸入が増大し，対価の銀が中国に流出した。 |

アヘンを製造したり吸引したりすることは中国では禁止されていた。

➡インド産アヘンを清に密輸，清からイギリスに茶を，イギリスからインドに綿製品を輸出（07 _____ 貿易）。

➡清ではアヘン中毒者が増え，銀が国外に流出。

| 原因 | 清は問題解決のために 08 _____ を広州に派遣。 |

➡アヘンを没収すると，イギリスが激怒。

イギリス

茶・絹織物・陶磁器
綿織物
銀
銀
インド　銀　中国（清）
アヘン

▲三角貿易（19世紀前半）

● 01 _____ 戦争の開戦：イギリスは損害賠償と，自由貿易にもとづいた通商条約を要求。

最新式の軍艦を配備したイギリス艦隊を清に派遣。

↓

**イギリスの勝利** ➡ 1842年に 02 _____ 条約を結ぶ。

貿易を自由化させた。

・①09 _____ 島の割譲，②上海・寧波・福州・厦門・広州の5港の開港，③公行の廃止など。

・翌年，追加条約を結ぶ。- - - - - - - - -

### 不平等条約の拡大

1844年に，同様の条約を他の列強とも締結。

・アメリカと望厦条約

・フランスと黄埔条約

●領事裁判権（治外法権）を認める
領事が自国民を，本国の法律で裁く権利。

●関税自主権の喪失
国が関税を定める権利を失うこと。

●一方的な最恵国待遇
将来，（清が）外国と外国にとって有利な条約を結んだ場合，自国（イギリス）にもおなじ内容が適用されること。

## 第2次アヘン戦争（アロー戦争）

| 原因 | 清との貿易が拡大しないことに不満をもったイギリスが，フランスとともに開戦した。

### イギリス・フランスの勝利

1858年に天津条約，1860年に 05 _____ 条約を結ぶ。

①天津など11港の開港，②外国公使の北京駐在，③ 10 _____ 布教の自由，
④九竜半島南部のイギリスへの割譲，⑤アヘン貿易の合法化などを認める。

● ロシアとの領土画定

・ 11 _____ 条約（1858）：アムール川以北をロシア領とする。

・北京条約（1860）：沿海州をロシア領とする。
  └→ロシアがアロー戦争の調停をする見返りとして結ばれた。

## 太平天国

| 背景 | 銀の流出による銀価の高騰，アヘン戦争による増税などが民
衆の生活を圧迫。

> キリスト教的な宗教結社だよ。

● 太平天国の成立（1851）

03 _____ が拝上帝会を組織。「12 _____ 」というスロー
ガンを掲げ，清の打倒をめざす。
  └→満洲人の清朝を滅ぼして，漢民族の王朝を復興する。

02 _____ を占領して首都とする。

### 太平天国の政策

男女平等，土地の均分などを打ち出した。

曽国藩や李鴻章らの漢人官僚が組織した 13 _____ や，外国人が創設した常備軍によって**鎮圧**された。
  反乱のダメージは大きく，清を弱体化させた。

南京
上海
寧波
福州
アモイ
厦門
広州

太平天国の勢力範囲
→ 太平天国の進路
■ 南京条約の開港場

▲太平天国

## 洋務運動

曽国藩や李鴻章らは，「14 _____ 」の考え方のもと，軍隊や産業の近代化をめざして欧米の技術
の導入をはかった（06 _____ 運動）。

「14 _____ 」：欧米は実用的な技術にはすぐれているが，統治のための制度などは中国の方がすぐ
れているという考え方。

> 伝統的な体制を維持したかった。

No.

Date

歴史総合
MODERN AND CONTEMPORARY HISTORY

THE LOOSE-LEAF STUDY GUIDE
FOR HIGH SCHOOL STUDENTS

THEME **外国船の接近と日本の対応**

## 18世紀末〜19世紀前半の日本の流れ

| 年代 | 日本のできごと |
|---|---|
| ☐ 1792 | ロシア使節 01 ＿＿＿＿＿＿＿ が根室に来航 |
| ☐ 1804 | ロシア使節 02 ＿＿＿＿＿＿＿ が長崎に来航 |
| ☐ 1808 | フェートン号事件がおこる |
| ☐ 1825 | 03 ＿＿＿＿＿＿＿ が発布される |
| ☐ 1837 | モリソン号事件がおこる |
| ☐ 1839 | 洋学者を取り締まる 04 ＿＿＿＿＿＿＿ がおこる |
| ☐ 1842 | 天保の 05 ＿＿＿＿＿ 令が出される |

> 通商を求めるロシアや，アメリカ，イギリスの捕鯨船が接近するようになった。

## 外国船の接近と日本の対応

● 01 ＿＿＿＿＿＿＿：根室に来航。

ロシア皇帝エカチェリーナ2世により派遣される。

➡日本に通商を要求。

| 幕府の対応 | 武力衝突を避けるため長崎での交渉を認める。 |

↓ これに従って…

● 02 ＿＿＿＿＿＿＿：長崎に来航。

ロシア皇帝アレクサンドル1世により派遣される。

➡日本に通商を要求。

| 幕府の対応 | 中国・朝鮮・琉球・オランダ以外とは通商しないとして要求を拒否。 |

➡日本の回答に反発したロシア船が，樺太や択捉島を襲撃。

▲外国船の接近

ロシア帝国 / 清 / フェートン号事件（英）1808 / ラクスマン来航（露）1792 / 根室 / 朝鮮 / 日本 / 江戸 / 浦賀 / モリソン号事件（米）1837 / 長崎 / 山川 / 琉球 / 外国船がしばしば来航

●フェートン号事件：イギリスの軍艦が長崎港に侵入し，燃料と水・食料を強奪。

↓

海防の必要性が提唱され，03 ＿＿＿＿＿＿＿ が出される。
└●中国・朝鮮・琉球・オランダ以外の船は撃退することを命じた法令。

●モリソン号事件：漂流民を乗せて来航したアメリカ商船を幕府が撃退。

➡幕府の対応を批判した洋学者は処罰された（04 ＿＿＿＿＿＿＿ ）。

↓

天保の 05 ＿＿＿＿＿ 令が出され，外国船の打ち払いをとりやめる。◀----
└●漂流した異国船への，燃料と水，食料の供給を命じた法令。

> アヘン戦争（1840〜42）で清がイギリスに敗れたことが，日本に伝わる。

THEME 日本の開国

## 日本の開国の流れ

| 年代 | 日本のできごと |
|---|---|
| ☐ 1853 | アメリカ使節 01 _____ が来航 |
| ☐ 1854 | 01 _____ が再来航し，02 _____ 条約を結ぶ |
| ☐ 1858 | アメリカ総領事 03 _____ と日米修好通商条約を結ぶ |
|  | ➡同様の条約をオランダなどと結ぶ（04 _____ 条約） |

## 日本の開国

```
                                     ┌─ 清との貿易や捕鯨の中継地を求めていた。
```

1853 年：アメリカ東インド艦隊の司令長官 01 _____ が，4 隻の艦隊を率いて浦賀沖に来航。

・アメリカ大統領の国書を提出して開国を要求。幕府は翌年返答することを約束。

・老中首座 05 _____ が，01 _____ の要求について朝廷に報告し，諸大名や幕臣に
も意見を求めた。

➡朝廷や大名の政治的発言力が強まり，幕府の動揺につながった。

1854 年：01 _____ が再来航，幕府は 02 _____ 条約を結んだ。

・アメリカ船が必要とする燃料や食料などを，下田・箱館で提供すること。

・下田・箱館の開港と領事の駐在を認めること。

・アメリカに一方的な 06 _____ を認めること。

➡同様の条約をイギリス・ロシア・オランダと結ぶ。 「開国」といわれる。

1858 年：アメリカ総領事 03 _____ の要求により，日米修好通商条約を結んだ。

・神奈川・長崎・新潟・兵庫・箱館の開港と，江戸・大坂の開市。

・日本に滞在するアメリカ国民への 07 _____ を認めること。

・日本は関税の決定権をもたず，相互に協議して協定関税を定めること（08 _____ の欠如）。

➡同様の条約をオランダ・ロシア・イギリス・フランスと結ぶ（04 _____ 条約）。

▲幕末の開港地

No.
Date
歴史総合
MODERN AND CONTEMPORARY HISTORY
THE LOOSE-LEAF STUDY GUIDE
FOR HIGH SCHOOL STUDENTS

HEME **幕末の政局と混乱**

## 幕末の日本の流れ

| 年代 | 日本のできごと |
|---|---|
| ☐ 1858 | 井伊直弼による 01 _____ がおこる（～ 1859） |
| ☐ 1860 | 02 _____ ➡井伊直弼が殺害される |
| ☐ 1862 | 薩摩藩の武士がイギリス人を殺傷（生麦事件） |
| ☐ 1863 | 03 _____ 戦争がおこる |
| | 薩摩藩や会津藩により，長州藩など攘夷派勢力が京都から追放される（八月十八日の政変） |
| ☐ 1864 | 禁門の変（蛤御門の変）➡長州藩が京都に攻めこむも，敗北 |
| | 幕府により第1次長州征討が開始される |
| | 下関で 04 _____ 事件がおこる |
| ☐ 1865 | 幕府，第2次長州征討を宣言 |
| ☐ 1866 | 05 _____ 同盟が結ばれる |
| | 第2次長州征討が開始される |
| ☐ 1867 | 公議政体論が高まる |
| | 06 _____：徳川慶喜が政権を朝廷に返還 |
| | 07 _____ の大号令➡天皇中心の新政府が発足 |

> 尊王攘夷を推進しようとした薩摩藩，長州藩ともに西欧の軍事力を目の当たりにし，攘夷が難しいことを悟り，倒幕へと動き出した。

## 攘夷運動の高まり

● 01 _____：大老井伊直弼が朝廷の許可なしに日米修好通商条約を結んだことに対し，各藩の有力者が朝廷を軽んじたと反発したが，井伊直弼に弾圧された。

● 02 _____：弾圧に反発した脱藩浪士らが，井伊直弼を暗殺。
➡幕府は，朝廷と幕府の融和をはかる公武合体へと方針を変更。

> 孝明天皇の妹和宮を，将軍徳川家茂の妻に迎えた。

### 薩摩と長州の動向

→島津久光らの一行の行列を妨げたイギリス人を，薩摩藩士が殺害した事件。

● 03 _____ 戦争：1862年におきた**生麦事件**への報復として，イギリス艦隊が薩摩藩を攻撃。
➡薩摩藩は攘夷が不可能と判断。

→禁門の変を理由に，幕府が長州藩の追討を命じた。

● 04 _____ 事件：幕府による**第1次長州征討**のタイミングにあわせて，イギリス・フランス・アメリカ・オランダの四国が連合艦隊を編成し，下関の砲台を攻撃。
➡四国艦隊に敗れた長州藩は，攘夷が不可能と判断。

THEME **幕末の政局と混乱**

## 薩長同盟

●第2次長州征討：長州藩では，08 _____ や桂小五郎（木戸孝允）ら尊王攘夷派が主導権をもったため，幕府がふたたび長州征討を宣言。

●05 _____ 同盟：攘夷が不可能であることを悟った薩摩藩と長州藩が，09 _____ らの仲介で，軍事同盟の密約を結ぶ。

…薩摩藩では西郷隆盛や大久保利通が実権をもっていた。

第2次長州征討が開始されるが，薩摩藩の不参加・長州藩の抵抗などで幕府は劣勢となり，徳川家茂の死を理由に停戦。

## 大政奉還

将軍徳川慶喜の即位➡幕政の建て直しにつとめるが，長州藩や薩摩藩の幕府との対決姿勢が強まる。

世直し一揆や「10 _____ 」が起こり，社会不安が高まる。

┗━●東海・畿内一帯でおこった，民衆による熱狂的乱舞。

11 _____ 論：将軍による専制ではなく，言論により合意を形成し政治を行おうとする考え方。

●06 _____ ：徳川慶喜は政権を朝廷に返還した。

…土佐藩の 12 _____ らの建言を受け入れた。

> 慶喜は天皇のもとで徳川家の権力を維持しようと考えていた。

●07 _____ の大号令：薩長や公家の 13 _____ などを中心に，天皇中心の新政府が発足。

➡江戸幕府の滅亡。

> 徳川家の権力を否定した。

## 貿易の動向

安政の五カ国条約以降，貿易が始まり，日本も世界経済の一部となった。

・輸出品：生糸・茶・蚕卵紙など。

・輸入品：織物・武器・艦船など。

➡輸出超過だったが，1860年代後半には，武器などの輸入が増えたことにより輸入超過に。

➡金が国外に流出。物価高騰により庶民の生活は打撃を受けた。

No.

歴史総合
MODERN AND CONTEMPORARY HISTORY

Date

THE LOOSE-LEAF STUDY GUIDE
FOR HIGH SCHOOL STUDENTS

THEME **新政府の成立**

## 明治初期の日本の流れ

| 年代 | 新政府の成立に関するできごと |
|---|---|
| ☐ 1868.1 | 戊辰戦争が始まる |
| ☐ 1868.3 | 01 _____ が出される➡新政府の方針 |
| | 02 _____ が掲げられる |
| ☐ 1868.4 | 江戸城が無血開城される |
| ☐ 1868.閏4 | 03 _____ を制定し，明治政府の組織をととのえる |
| ☐ 1868.9 | 04 _____ 藩が降伏し，旧幕府側のすべての藩が降伏 |
| ☐ 1869.1 | 諸藩に領地と領民の返還を命じる（05 _____ ） |
| ☐ 1869.5 | 箱館の旧幕府軍も降伏し，戊辰戦争が終わる |
| ☐ 1871.7 | 藩を廃止して，府・県を設置（06 _____ ） |
| ☐ 1871.8 | 解放令が公布される |
| ☐ 1873.1 | 租税に関して，07 _____ 条例が発布される |

> 江戸時代末期から戊辰戦争を経て，明治政府は天皇を中心とする国民国家体制の建設をめざした。この政治的変革を明治維新という。

## 戊辰戦争と明治政府の動向

王政復古の大号令で天皇中心の新政府（明治政府）の樹立が宣言される一方で，新政府は徳川慶喜の権力を取り上げる方針を示したため，戊辰戦争がおこった。

### 戊辰戦争の経過

➡旧幕府軍が薩摩・長州の藩兵に敗れた。

1868.1 **鳥羽・伏見の戦い**がおこり，

戊辰戦争が始まる。

〔戦闘を行わず城を明け渡した。〕

1868.4 江戸城が無血開城される。

➡徳川慶喜が新政府にしたがう。

1868.5 08 _____ 同盟が結成される。

➡反新政府の同盟。9月に崩壊。

1868.9 会津若松城が落城し，04 _____ 藩が

降伏。

1869.5 箱館五稜郭が陥落。戊辰戦争が終わる。

### 明治政府の動向

1868.3 01 _____ を発布

➡近代化をめざすための新政府の基本方針。

02 _____ ➡人民に対して，旧来の道徳を勧める。

・強訴やキリスト教の禁止など江戸幕府の政策を踏襲。

1868.閏4 03 _____ が制定される。

➡太政官制と三権分立の原則が示され，明治政府の体制がととのう。

## 新政府による中央集権化

明治政府は，中央集権化のために，戊辰戦争後にも続いていた藩を廃止する必要があると考えた。

● 05 _____ ：諸藩に対し，版（領地）と籍（領民）を返上させ，

旧大名には 09 _____ の地位を保証した。
    └─政府が任命した地方長官。

● 06 _____ ：藩を廃止して，府や県を置いた。

・ 09 _____ であった旧大名のかわりに，中央政府から府知事・県令が派遣され

た。旧大名は東京居住を命じられた。

・藩からの禄のかわりに，政府から 10 _____ が支給された。
    └─華族・士族に支給された家禄と戊辰戦争の
      功労者に支給された賞典禄のこと。

## 身分制の廃止

1869 年に従来の身分制が廃止され，新たな族籍に再編された。

> 「四民平等」：平民の苗字使用（1870），族籍をこえた結婚（1871），
> 職業・居住の自由（1871）が認められた。

・ 11 _____ ：旧大名や公家など
・ 12 _____ ：旧幕臣や藩士
・ 13 _____ ：百姓や町人

1871 年の解放令で，えた・非人などの差別的な呼称は廃止。
    └─江戸時代に百姓の下に置かれた身分。
      解放後も社会的差別は続いた。

▼戸籍上の分類別人口割合

旧神宮・僧
0.9%

皇族・華族・士族
5.5%

平民
93.6%

（関山直太郎『近世日本の人口構造』）

## 地租改正

政府は財政を安定させるため，等しく納税を義務づけた。

● 07 _____ ：1872 年に地券を発行して土地の所有者を明確にし，

翌年，土地の面積と収穫量に応じて地価を定め，3%

を地租として現金でおさめさせた。

↓

地租改正反対一揆が各地でおこる。

↓

1877 年に，税率は 3%から 14 _____ %に引き下げられた。

▲地券

No.

Date

歴史総合
MODERN AND CONTEMPORARY HISTORY

THE LOOSE-LEAF STUDY GUIDE
FOR HIGH SCHOOL STUDENTS

## THEME 富国強兵と文明開化

### 明治初期の日本の流れ

| 年代 | 富国強兵と文明開化に関するできごと |
|---|---|
| ☐ 1871 | 郵便制度を実施 |
| | 01 _____ 条例が公布され，貨幣単位が定められた |
| ☐ 1872 | 東京・大阪間に電信が開通 　公衆電報が始まった。 |
| | 02 _____ を公布し，初等教育の充実をはかる |
| | 新橋・横浜間に 03 _____ が開通 |
| | 群馬県に 04 _____ 場が建設される |
| | 05 _____ 条例➡兌換銀行券の発行が認められる |
| ☐ 1873 | 06 _____ 令が公布される➡血税一揆（〜1874） |
| | 福沢諭吉らが 07 _____ 社を結成 |

> 日本の生糸の品質低下が外交問題となっていたことに対応して開設した。

### 徴兵制の導入

> 経済発展と軍事力強化が目標。

これまで武士が担ってきた国防を身分によらず国民の義務とし，「富国強兵」のスローガンのもとで近代的な軍隊の創設をめざした。

● 06 _____ 令：1872年の 08 _____ で国民皆兵の理念が掲げられ，1873年に施行された。

┌ ヨーロッパの兵制にならった。

・満20歳以上の男子に徴兵検査が課され，兵役につかせた。

免役規定を利用した徴兵のがれがみられた。
各地で徴兵制度に反対する運動がおこった（血税一揆）。

### 殖産興業

> 外国人が事業を所有・経営しないよう政府が雇用した。

欧米の技術を導入し，政府の事業として近代産業を育成した。
…政府や学校などに雇われた外国人を 09 _____ という。

#### 工部省の政策

1870年に殖産興業関係の官庁として工部省が設置された。
初代工部卿（長官）は伊藤博文。
・産業インフラとして，1872年に新橋・横浜間に 03 _____ が開通した。
・造船所や鉱山を官営化し，洋式技術を導入した。

## 内務省の政策

1873年に設置され，幅広く勧業政策を進めた。初代内務卿は大久保利通。

・群馬県の 04 _____ 場などの官営模範工場の経営を

行い，製糸・紡績業などの軽工業部門を指導した。

## 開拓使の設置

1869年に蝦夷地を北海道と改称し，10 _____ を設置。

<small>└→北海道を開拓するための行政機関。</small>

## 明治初期の貨幣

・01 _____ 条例：1871年に制定され，金額表示を十進法の円・銭・厘に改めて，江戸時代の一両を

一円とした。統一的な貨幣制度をめざす。

・05 _____ 条例：1872年に制定され，兌換銀行券の発行を認めた。

<small>└→新政府が当初発行していた紙幣は金銀と交換できないものだった。</small>

▲富岡製糸場　　　　　(提供：アフロ)

## 通信

> 確実・安定した
> 通信が実現！

1871年に郵便制度を実施。11 _____ の建議にもとづく。全国に郵便網が設けられた。

## 文明開化と新しい思想

開国後，西洋の文化が日本に流入し，生活が洋風化した。

● 12 _____ 暦の採用：太陰太陽暦から改められた。これにより，明治5年12月3日が，明治6年1月1日となった。

●神道国教化：神道を天皇信仰と結びつけて国教化しようとした。神道は政府の保護を受けて普及した。

● 13 _____ 教の解禁：欧米の要請を受けて，1873年に解禁された。

●新しい文化の流行：洋服，ざんぎり頭，牛鍋，人力車など。

　　　　　…髷を切った断髪は文明開花のシンボルとされた。

● 07 _____ 社：森有礼や福沢諭吉らが設立。西洋の自由・平等の思想や

政治制度などを雑誌を通じて普及させようとした。

▲福沢諭吉

## 明治初期の教育

● 02 _____ ：14 _____ 歳以上のすべての男女に初等教育を受けさせようとした。

　　　　　　➡就学率はあがらず，女子の就学率は低かった。

教育費の負担への不満から，02 _____ 反対一揆がおこった。

No.

歴史総合
MODERN AND CONTEMPORARY HISTORY

Date

THE LOOSE-LEAF STUDY GUIDE
FOR HIGH SCHOOL STUDENTS

THEME **明治初期の外交と領土の画定**

## 明治初期の日本の流れ

| 年代 | 外交と領土の確定に関するできごと |
|---|---|
| ☐ 1869 | 蝦夷地を 01      に改称➡開拓使の設置 |
| ☐ 1871 | 清との間に 02      条規が結ばれる |
|  | 岩倉使節団が欧米の視察に出発 |
| ☐ 1872 | 琉球王国を琉球藩とする |
| ☐ 1873 | 03      をめぐって明治六年の政変がおこる |
| ☐ 1874 | 琉球漂流民殺害事件（1871）を機に 04      出兵（征台の役）を行う |
| ☐ 1875 | ロシアとの間に 05      条約が結ばれる |
|  | 江華島事件がおこる➡朝鮮との間に 06      条規が結ばれる（1876） |
| ☐ 1876 | 小笠原諸島の統治を再開 |
| ☐ 1879 | 琉球藩と王府を廃止して沖縄県を設置… 07      処分 |
| ☐ 1882 | 朝鮮で壬午軍乱がおこる |
| ☐ 1884 | 朝鮮で 08      政変がおこる➡急進開化派のクーデタ |
| ☐ 1895 | 09      を日本の領土に編入 |
| ☐ 1905 | 10      を日本の領土に編入 |

> 尖閣諸島と竹島は，他国が占領した形跡が
> ないことから，編入が閣議決定された。

## 岩倉使節団

●岩倉使節団： 11      を全権大使，木戸孝允・

大久保利通・伊藤博文らを副使とする使

節団。

・不平等条約改正のための予備交渉が目的。

・欧米の国家のあり方や制度などを視察・調査。

視察後，欧米から制度・技術を導入するために外国人

の雇い入れを活発に行った。

▲岩倉使節団一行

## 明治初期の外交

### 清との関係

┌→太平天国の鎮圧に活躍。洋務運動を主導した漢人官僚。

●02      条規：1871 年に李鴻章と交渉し，清と対等な関係で国交を結んだ。

    ➡朝鮮の開国や開港については対立。

THEME **明治初期の外交と領土の画定**

### 朝鮮との関係

日本政府 …国交樹立を要求。　　朝鮮 …鎖国政策を維持。

03 ＿＿＿＿＿：鎖国する朝鮮を武力で開国させる方針。西郷隆盛や板垣退助らが主張した。

↓

内政を優先すべきとする岩倉具視や大久保利通らと対立し，否定された西郷らは下野して政府を離れた（明治六年の政変，03 ＿＿＿＿＿政変）。

●江華島事件：1875年に江華島で日本が意図的に引きおこした朝鮮との武力衝突。

➡翌年，06 ＿＿＿＿＿条規が結ばれ，朝鮮は開国した。
　　　　　└ 朝鮮に関税自主権がなく，日本の領事裁判権を認めさせる不平等条約。

●壬午軍乱：軍の西洋化を進める閔妃への兵士の反乱。➡清の介入で鎮圧された。

↓

●08 ＿＿＿＿＿政変：急進開化派の 12 ＿＿＿＿＿が，日本軍の協力を得て政権を奪ったが，2日後には清軍が介入して失敗。➡ 13 ＿＿＿＿＿条約を結び，日清両軍は撤退した。

### 台湾・琉球との関係

台湾

1871年…琉球漂流民殺害事件：琉球の漂流民が台湾に漂着して，現地住人に殺害された事件。

↓

1874年… 04 ＿＿＿＿＿出兵：日本軍が現地住人の集落を攻撃。大久保利通が北京で李鴻章と交渉し，清が事実上の賠償金を日本に支払う。➡日本の琉球支配が認められたとみなして徴兵した。

琉球

1872年…琉球王国から琉球藩に改称。
　　　　└ 日本の一部であるとした。

↓

1875年…政府が清への朝貢停止を命令。

↓

1879年…琉球藩を廃止。

➡沖縄県を設置した。

07 ＿＿＿＿＿処分

### 北海道

1875年… 05 ＿＿＿＿＿条約：樺太をロシア領，千島列島を日本領とした。

➡樺太や千島在住の 14 ＿＿＿＿＿は，居住地の選択と移住をせまられた。

▲明治初期の日本の領土

No.

Date

歴史総合
MODERN AND CONTEMPORARY HISTORY

THE LOOSE-LEAF STUDY GUIDE
FOR HIGH SCHOOL STUDENTS

THEME **自由民権運動**

## 明治期の日本の流れ

| 年代 | 自由民権運動に関するできごと |
|---|---|
| ☐ 1874 | 01＿＿＿＿＿＿＿が政府に提出される |
| | 江藤新平らが 02＿＿＿＿＿＿＿をおこす |
| | 板垣退助らが高知で 03＿＿＿＿＿＿＿を結成 |
| ☐ 1875 | 大阪で 04＿＿＿＿＿＿＿が結成される |
| ☐ 1877 | 西郷隆盛らが 05＿＿＿＿＿＿＿をおこす |
| ☐ 1881 | 06＿＿＿＿＿＿＿事件がおこる |
| | 明治十四年の政変がおこり，国会開設の勅諭が発せられる |
| | 07＿＿＿＿＿党が結成される➡党首：板垣退助 |
| ☐ 1882 | 08＿＿＿＿＿党が結成される➡党首：大隈重信 |
| ☐ 1885 | 大阪事件がおこる |

> 反乱軍は徴兵制による政府軍に敗れた。これを機に，武力ではなく言論によって政府に対抗するようになった。

## 明治政府への抵抗

帯刀を禁じる廃刀令や，家禄と賞典禄の給付を停止する 09＿＿＿＿＿＿＿などの，士族の生活をおびやかす政策に反発して士族反乱がおこった。

| 02＿＿＿＿＿<br>(1874) | 征韓論で下野した江藤新平が，佐賀でおこした反乱。 |
|---|---|
| 05＿＿＿＿＿<br>(1877) | 鹿児島の士族が西郷隆盛を擁しておこした反乱。士族がおこした反乱では最大規模となったが，政府軍に鎮圧された。 |

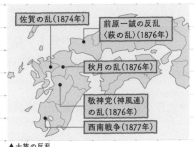

▲士族の反乱

## 自由民権運動の高まり

征韓論で下野した板垣退助・江藤新平・後藤象二郎らは，01＿＿＿＿＿＿＿を政府に提出。➡自由民権運動の始まり。

> 国会の開設と藩閥政治の打倒を要求し，近代的国家を樹立することをめざす運動。

● 結社の結成：1874 年に板垣退助が高知で 03＿＿＿＿＿＿＿を立ちあげる。

翌年，板垣は全国の自由民権運動の結社をまとめる組織として大阪で 04＿＿＿＿＿＿＿を結成。

➡政府の対応：板垣退助，木戸孝允を政府に復帰させ，10＿＿＿＿＿＿＿の 詔を出す。

讒謗律・新聞紙条例を制定。政府への批判・攻撃を弾圧した。

└元老院，大審院，地方官会議を設置。

## 国会開設までの推移

●国会期成同盟：1880年に愛国社から改組。

> 国会開設を求めて運動した。

→政府は 11 _____ 条例を制定して，集会・結社の自由を規制。

● 1881年に 06 _____ 事件がおこり，政府への批判が高まる。

●国会の早期設置を求めて，政府の指導層と対立していた大隈重信が罷免される。

→ 06 _____ 事件に乗じて政府で主導権をにぎろうとしているとして免官された（明治十四年の政変）。

● 1881年，板垣退助が 07 ____ 党を結成。

● 1882年，大隈重信が 08 ____ 党を結成。

> 負債や税負担の軽減を求めて蜂起した秩父事件以降多発した。

●激化事件：自由党員が 12 _____ で困窮した農民と結びついて，過激な事件をおこした。

・松方財政：財政を再建するために大蔵卿の松方正義によって実施された緊縮財政。深刻な不況を招いた。

●大阪事件：旧自由党員が，朝鮮に独立党政権をつくろうとした事件。渡航前に発覚し，関係者の多くは処罰された。

▲激化事件と政治結社

| | おもな事件 | おもな政治結社など |
秩父事件 1884.10〜11
大阪事件 1885.11
愛国公党 1874
立志社 1874
愛国社 1875 → 国会期成同盟 1880

### おもな自由民権運動と政府の対応の流れ

| | 自由民権運動 | 政府の対応 |
|---|---|---|
| 1875年 | 04 _____ を結成（2月） | 10 _____ の詔を発し，元老院・大審院を設置。讒謗律・新聞紙条例を制定。 |
| 1880年 | 国会期成同盟の結成（3月） | 11 ____ 条例（4月） |
| 1881年 | 06 ____ 事件 | 国会開設の勅諭（10月） |
| | 07 ____ 党の結成（10月） | |
| 1882年 | 08 ____ 党の結成（3月） | |
| 1885年 | 大阪事件（11月） | 内閣制度発足（12月） |

No. ...........

Date. ..........

歴史総合
MODERN AND CONTEMPORARY HISTORY

THE LOOSE-LEAF STUDY GUIDE
FOR HIGH SCHOOL STUDENTS

THEME **立憲体制の成立**

## 明治期の日本の流れ

| 年代 | 憲法制定に関するできごと |
|---|---|
| ☐ 1881 頃 | 各地の結社で憲法の私案（ 01　　　　憲法）がつくられる |
| ☐ 1882 | 軍人勅諭が公布される |
| ☐ 1884 | 02　　　　で特権的身分を保障 |
| ☐ 1885 | 03　　　　制度が創設される |
| ☐ 1887 | 保安条例が公布される |
| ☐ 1889 | 04　　　　憲法が発布される |
| ☐ 1890 | 第1回衆議院議員総選挙が実施される |
| | 教育に関する勅語（教育勅語）が発布される |
| ☐ 1892 | 第2回衆議院議員総選挙➡松方正義内閣による 05 |

> 明治天皇が軍人に下した勅諭。天皇への忠節を強調した。

> 政府により民権派の活動家が東京から追放された。

## 憲法制定の準備

### 憲法の制定

> 君主権の強い憲法だよ！

●伊藤博文の渡欧：政府はドイツ（プロイセン）流の憲法を制定する方針を決定し，憲法調査のために
伊藤博文をヨーロッパに派遣した。

➡ドイツの法学者グナイストやシュタインからプロイセン憲法を学ぶ。

これを反映し，帰国後，井上毅・伊東巳代治らとともに，ドイツ人顧問 06　　　　らの助言を
受けて憲法案を起草。

● 07　　　　：1888年に憲法草案を審議するために設置された。憲法制定後は国政のための天皇の
最高諮問機関となった。初代議長は伊藤博文。

● 01　　　　憲法：憲法議論に参加しようと民間の有志が発表した憲法案。

| 五日市憲法 | 千葉卓三郎ら |
|---|---|
| 東洋大日本国国憲按 | 植木枝盛 |

### 国会開設の準備

● 02　　　　：華族と維新以降に功績をあげた者に，公・侯・伯・子・男の爵位を与えた。

➡のちに国会が開かれた際の 08　　　　院の選出母体となる。

┗ 衆議院とならんで帝国議会を構成した立法機関。

● 03　　　　制度：太政官制を廃止し，各省の長官を大臣とした。

➡各長官の首班として内閣総理大臣をおき，伊藤博文が初代内閣総理大臣となった。

## 大日本帝国憲法

1889 年 2 月 11 日に 04 _____ 憲法を発布。プロイセン（ドイツ）憲法の影響を強く受けており，

オスマン帝国憲法（ミドハト憲法）についてアジアで 2 番目の憲法となった。

### 憲法の特徴

● 09 _____ 憲法：天皇によって定められた憲
法という体裁をとった。

● 天皇大権：主権者である天皇は，外交権，緊
急勅令の発布，陸海軍の指揮・命
令を行う統帥権（とうすいけん）などの大きな権力
をもった。
└ 軍の最高指揮権のこと。

### 帝国議会の開設

帝国議会は，皇族や華族らからなる 08 _____
院と，直接国税 15 円以上をおさめる満 25 歳以
上の男性による選挙で選ばれた 10 _____ 院の
二院制。

● 第 1 回衆議院議員総選挙：旧民権派の 11 _____（民権派の流れをくむ野党勢力）が議席の過半数を
しめ，政府や吏党（りとう）（政府系の党派）と対立した。

● 第 2 回衆議院議員総選挙：松方正義内閣が，民党の当選を妨害する 05 _____ を行ったが，民党
が多数の議席をしめた。

天　皇

元　老
天皇を非公式に補佐

内大臣
天皇側近として補佐

宮内大臣
皇室の財産管理・華族の監督

枢密院
天皇の諮問にこたえる機関

統帥 → 陸　軍 海　軍

徴兵

↓任命　裁判所　行政裁判所　司法裁判所

↓任命　内　閣　内閣総理大臣　各国務大臣

↓任命・解散　帝国議会　衆議院 貴族院

↑選挙

臣民（国民）

▲大日本帝国憲法で定められた国家機構

## おもな法典の制定

| 公布年 | 施行年 | 法典名 | 特徴 |
|---|---|---|---|
| 1880 | 1882 | 刑法 | フランス人法学者 12 _____ が起草。 |
| 〃 | 〃 | 治罪法 | |
| 1889 | 1890 | 04 ____ 憲法 | 伊藤博文を中心に起草。 |
| | （1889 制定） | 皇室典範 | 皇位の継承，摂政の制などを定めた。 |
| 1890 | 1890 | 刑事訴訟法 | 治罪法を改正。ドイツ法を参考に制定。 |
| 〃 | 1891 | 民事訴訟法 | ドイツ法を参考に制定。 |
| 〃 | | 民法 | 12 _____ が起草。 |
| 〃 | | 商法 | ドイツ人法学者 06 _____ が起草。 |
| 1896・98 | 1898 | （修正）民法 | 戸主権を重視した新しい民法。 |
| 1899 | 1899 | （修正）商法 | 一部分のみを新商法として施行。 |

日本の法学者から
反対された。

No.

Date

歴史総合
MODERN AND CONTEMPORARY HISTORY

THE LOOSE-LEAF STUDY GUIDE
FOR HIGH SCHOOL STUDENTS

## THEME 条約改正

### 明治期の日本の流れ

| 年代 | 条約改正に関するできごと |
|------|------|
| ☐ 1871 | 岩倉使節団が出発する |
| ☐ 1883 | 01　　　　が完成➡欧化政策の象徴 |
| ☐ 1885 | 福沢諭吉が 02　　　　を発表 |
| ☐ 1886 | 03　　　　事件がおこる➡不平等条約改正の世論が高まる |
| ☐ 1891 | ロシア皇太子が日本の巡査に切りつけられる（04　　　　事件） |
| ☐ 1894 | 日英通商航海条約が結ばれる➡05　　　　の撤廃 |
| ☐ 1911 | 改正日米通商航海条約が結ばれる➡06　　　　の完全回復 |

> アジア諸国と連帯するよりも，欧米列強との対等な関係をめざすべきという主張。

### 条約改正のあゆみ

幕末に幕府が欧米諸国と結んだ不平等条約の改正は，近代化をめざす明治政府にとって大きな課題となっていた。

| 年代 | 担当者 | できごと |
|------|------|------|
| 1871～73 | 岩倉具視 | 岩倉使節団として，欧米に派遣される。不平等条約改正のための予備交渉の役割は果たせなかった。 |
| 1876～78 | 寺島宗則 | 関税自主権の回復をめざして交渉したが，イギリスとドイツの反対を受けて失敗。 |
| 1882～87 | 井上馨 | 東京日比谷に 01　　　　を建てるなどの欧化政策を行う。<br>03　　　　事件を機に領事裁判権（治外法権）の撤廃の機運が高まるが，外国人判事の任用をめぐって批判がおこり，外相を辞任。 |
| 1888～89 | 大隈重信 | 外国人判事の任用を認めたことで強い批判を受け，襲撃事件に遭い改正交渉は中断。 |
| 1891 | 青木周蔵 | ロシア皇太子（のちのニコライ2世）が警備の巡査に切りつけられた事件（04　　　　事件）がおこったため，外相を引責辞任して改正交渉は中断。 |
| 1894 | 07　　　　 | 日清戦争の直前にイギリスと日英通商航海条約を結び，05　　　　の撤廃に成功。この条約で内地雑居を認めた。その後13カ国と締結。 |
| 1911 | 08　　　　 | 改正日米通商航海条約が結ばれ，06　　　　の完全回復を達成。 |

> 条約改正のために推し進めた西欧化政策。

> 外国人に日本国内での居住や旅行の自由を認めること。

THEME **日清戦争**

## 明治期の日本の流れ

| 年代 | 日清戦争に関するできごと |
|---|---|
| ☐ 1894 | 朝鮮で 01 _____ 戦争（東学の乱）がおこり，日清両国が朝鮮へ派兵 |
| | ➡ 02 _____ 戦争がおこる |
| ☐ 1895 | 日本が勝利し，講和条約（03 _____ 条約）を結ぶ |
| | ロシア・フランス・ドイツによる 04 _____ |
| | 台湾征服戦争がおこる➡台湾総督府をおき，統治を行う |
| ☐ 1898 | 日本で初めての政党内閣が成立➡05 _____ 内閣 |
| ☐ 1900 | 治安警察法が制定される |

> 大隈と板垣の名前に
> ちなんでいるよ。

## 日清戦争

→19世紀におこった朝鮮の新宗教。キリスト教(西学)
に対して「東学」を称した。

● 01 _____ 戦争：東学の信徒を中心とする農民反乱。

　┌ 清の対応 ┐ … 朝鮮の求めに応じて派兵。

　┌ 日本の対応 ┐ … 清の派兵に対抗して派兵。

　反乱終息後も日本軍は撤退しなかった。

● 02 _____ 戦争：8月1日に日本が中国に宣戦布告。

　日本軍は遼東半島・威海衛を占領して勝利。

　➡ 03 _____ 条約が結ばれる。①朝鮮の独立承認，

②日本への遼東半島・台湾・澎湖諸島の割譲，③賠

償金2億両の支払いなど。
　　　　　→日本の領土となることに清の役人や地元民が抵抗したため，
　　　　　日本軍が派兵され台湾征服戦争がおこった。

● 04 _____ ：ロシア・フランス・ドイツが遼東半島を清に返還することを日本に要求。

　➡日本は要求に応じる。

▲日清戦争と台湾征服戦争

（地図中のラベル）
遼東半島／ロシア／朝鮮／日本海／平壌／威海衛／漢城／下関条約／清／黄海／日本／下関／澎湖諸島／東シナ海／台湾征服戦争／台湾
➡日本軍の進路
■甲午農民戦争の中心的展開地域

## 日清戦争後の日本

日清戦争後，日本は獲得した賠償金などを使って軍備拡張を進める。

● 政党内閣の成立：第3次伊藤博文内閣が退陣すると，憲政党の 06 _____ を首相，
　板垣退助を内務大臣とする日本で最初の政党内閣が成立（05 _____ 内閣）。
　　　　　　　　　　　　　　　　　　　　→多数派の政党の政党員が閣僚をつとめる内閣のこと。

● 第2次山県有朋内閣：05 _____ 内閣にかわる藩閥内閣。

　・治安警察法によって社会運動・労働運動の取り締まりを強化。

　・07 _____ によって軍部の権限を強化。
　　　　→陸海軍の大臣を現役の大将・中将から任用する制度。

> 政党の影響力を
> おさえようとしたよ。

● 08 _____ ：1900年，伊藤博文が憲政党や官僚とともに結成。

No.
Date
歴史総合
MODERN AND CONTEMPORARY HISTORY
THE LOOSE-LEAF STUDY GUIDE
FOR HIGH SCHOOL STUDENTS

# THEME 日本の産業革命

## 明治期の日本の流れ

| 年代 | 産業革命に関するできごと |
|---|---|
| ☐ 1881 | 鉄道建設のため 01 _____ 会社が設立される |
| ☐ 1882 | 渋沢栄一らが 02 _____ 会社を設立 |
| ☐ 1885 | 日本郵船会社が設立される |
| ☐ 1886 頃 | 株式会社の設立がさかんになる（ 03 _____ ） |
| ☐ 1889 | 東海道線（東京－神戸）が開通 |
| ☐ 1897 | 日清戦争の賠償金をもとに 04 _____ 本位制へ移行 |
| ☐ 1901 | 北九州で 05 _____ が操業を開始 |
| ☐ 1906 | 06 _____ 法が公布される➡鉄道国有化 |

## 貨幣制度の発達

1871 年　新貨条例：円・銭・厘の十進法を採用。金貨を基準としながら銀貨も併用。

↓

1882 年　07 _____ を設立。日本で唯一の銀行券発行権をもつ。

↓

1885 年　銀兌換の日本銀行券の発行が始まる。

　　　　・03 _____ ：貨幣制度の安定により，鉄道・紡績を中心に民間企業の設立ブームがおこった。

↓

1897 年　日清戦争の賠償金を利用して 04 _____ 本位制を採用。

> 当時の欧米諸国で一般的だった。

## 運輸の発達

### 鉄道

● 01 _____ 会社：日本最初の民営鉄道会社。華族の資金でつくられ，
　　　　　高崎線や東北線の建設を進めた。
　　　　　➡中小の鉄道会社の設立がブームになり，民営鉄道
　　　　　の営業距離が官営を上回った。

● 06 _____ 法：民営鉄道が買収され，国有鉄道となった。

> 当初は，国により建設が進められた。

### 汽船海運

● 日本郵船会社：政府の補助をうけて，遠洋航路を開拓した。
　└半官半民の共同運輸会社と三菱が合併して設立された。

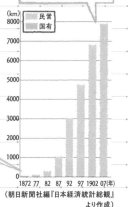

> 1906 年に国有化された。

(km)
民営
国有
8000
7000
6000
5000
4000
3000
2000
1000
0
1872 77 82 87 92 97 1902 07(年)
（朝日新聞社編『日本経済統計総観』より作成）

▲鉄道の営業距離

## 繊維工業の発展

・日本の産業革命は繊維工業などの軽工業から始まった。

・政府は，お雇い外国人を招いて欧米の技術を取り入れて，近代的な産業を育成した。

### 紡績

綿花を原料として綿糸を生産する産業。

➡工業化の前は手紡やガラ紡で生産されていたが，1883 年
に渋沢栄一らが 02 ＿＿＿＿＿ 会社を設立。海外から機
械や綿糸を輸入して成功をおさめたことで，民間紡績企
業の設立があいついだ。

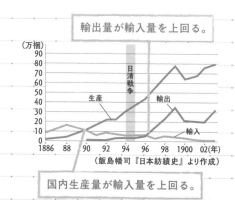

輸出量が輸入量を上回る。

国内生産量が輸入量を上回る。

▲綿糸の生産と輸出入

（飯島幡司『日本紡績史』より作成）

### 綿織物業

綿糸をつかって綿織物を織る産業。

➡イギリスから輸入された綿製品の影響で，国内の綿織物
業は低迷。08 ＿＿＿＿＿ が小幅の力織機を開発し，東
アジア市場向けの綿織物の輸出が増加した。

器械製糸の生産量が，座繰製糸を上回る。

### 製糸業

繭（蚕）を原料として生糸を生産する産業。

➡幕末以来，日本で最大の輸出品。従来の手動装置による
09 ＿＿＿＿＿ 製糸が行われていたが，輸入機械を改良した
10 ＿＿＿＿＿ 製糸が普及した。

▲座繰製糸と器械製糸

（三和良一・原朗編『近現代日本経済史要覧』より作成）

## 重工業の発展

### 鉄鋼

● 05 ＿＿＿＿＿：日清戦争の賠償金をもとに北九州の八幡に建設され，1901 年に操業を開始。原
料の鉄鉱石は中国の大冶鉄山などから輸入され，石炭は九州の筑豊炭田などから
供給された。

### 造船・鉱山

11 ＿＿＿＿＿ とよばれた有力な事業者が，政府から官営事業の払い下げを受ける。

・富岡製糸場，三池炭鉱 ➡ 12 ＿＿＿＿＿

・長崎造船所，佐渡鉱山 ➡ 13 ＿＿＿＿＿

➡ 財閥へと発展

財閥はさまざまな
業種を経営した。

No.

歴史総合
MODERN AND CONTEMPORARY HISTORY

Date

THE LOOSE-LEAF STUDY GUIDE
FOR HIGH SCHOOL STUDENTS

THEME **社会問題と教育の普及**

## 明治期の日本の流れ

| 年代 | 社会問題に関するできごと |
|---|---|
| ☐ 1891 頃 | 鉱毒被害による 01 _____ 事件が問題化する |
| ☐ 1897 | 労働運動の促進のため，02 _____ が結成される |
| ☐ 1900 | 治安警察法が公布される |
| ☐ 1901 | 最初の社会主義政党である 03 _____ が結成される |
| ☐ 1908 | 天皇の名で 04 _____ が発布される |
| ☐ 1909 | 地方の立てなおしのため 05 _____ 運動が始まる |
| ☐ 1910 | 06 _____ 事件がおこる➡幸徳秋水らが死刑になる |
| ☐ 1911 | 07 _____ が制定され，労働者の保護が進む |

## 労働問題

### 都市

工場労働者が増加する中で，低賃金・長時間労働の問題が発生した。

賃金の引き上げを求めて，各地でストライキがおこるようになった。

● 02 _____ の結成：労働組合の結成を促進するための組織。

政府の対応 ➡ 1900 年に治安警察法を制定して労働運動を弾圧した。

　　　　　　一方，1911 年に 07 _____ を制定して工場労働者を保護した。

### 農村

地主が高額の小作料をとる寄生地主制が広がり，小作人は苦しい生活を送った。

政府の対応 ➡ 05 _____ 運動を提唱。天皇の名のもとに 04 _____ を発布した。

┗内務省が推進した，地方財政や農村の　　　　┗国民のあいだに芽生えた個人主義的な考え方を
　立てなおしをはかる運動。　　　　　　　　　いましめ，質素倹約と勤労国民の団結を促した。

## 環境問題

● 01 _____ 事件：古河市兵衛が経営する足尾銅山から流れ出た鉱毒によって，周囲が広範囲
　　　　　　　　にわたって汚染され，社会問題となった。衆議院議員の 08 _____ が
　　　　　　　　操業中止を求めて運動した。

## 社会主義運動

● 03 _____ ：日本で最初の社会主義政党として結成されたが，治安警察法により結成後すぐに
　　　　　　　解散させられた。

● 06 _____ 事件：明治天皇の暗殺を計画したとして，社会主義者が検挙され，幸徳秋水をはじめとす
　　　　　　　　る 12 名に死刑が執行された。のちにえん罪であったことが判明。

THEME **社会問題と教育の普及**

## 明治期の日本の流れ

| 年代 | 学校教育に関するできごと |
| --- | --- |
| ☐ 1872 | 09 _____ が公布される |
| ☐ 1877 | 東京大学が設立される |
| ☐ 1882 | 東京専門学校が設立される |
| ☐ 1886 | 10 _____ が公布される ➡ 東京大学が，帝国大学と改称 |
| | 小学校の義務教育化（3～4年） |
| ☐ 1890 | 忠君愛国を教育の基本とする，11 _____ が発布される |
| ☐ 1900 | 義務教育期間の授業料を廃止 |
| ☐ 1903 | 小学校で使用する教科書は 12 _____ に統一 |
| ☐ 1907 | 義務教育を6年間に延長 |

## 学校教育の進展

### 教育に関わる法令

| | | |
| --- | --- | --- |
| 1872年 | 09 _____ | フランスの学校制度を手本に，近代的な教育制度の整備をめざした。<br>➡原則として，満6歳になった児童を小学校で学ばせようとした。 |
| 1886年 | 10 _____ | 1886年に公布された学校制度に関する法令の総称。<br>小学校，中学校，師範学校，帝国大学からなる学校体系が整った。<br>・小学校令：尋常小学校（6歳からの4年間）の教育を義務化。<br>　　　　　　義務教育の授業料を廃止（1900年）<br>　　　　　　小学校教育を6年に延長（1907年） |
| 1890年 | 11 _____ | 忠君愛国の精神や家族道徳の教育を学校教育の基本とし，天皇の神格化を促した。1948年に衆議院・参議院で失効が決議された。 |
| 1903年 | 12 _____<br>に統一 | 小学校の教科書を，文部省が著作権をもつ 12 _____ に統一。<br>…教育に対する統制が強まった。 |

### おもな学校

●官立学校：東京大学…1877年に東京大学として設立される。1886年の 10 _____ で帝国大学に。
　　　　　　1897年に東京帝国大学に改称。

●私立学校：慶應義塾… 13 _____ が藩邸で開いた蘭学塾がもと。大学令で認可。

　　　　　　東京専門学校… 14 _____ が創設。1902年に早稲田大学と改称。

歴史総合
MODERN AND CONTEMPORARY HISTORY
No.
Date.
THE LOOSE-LEAF STUDY GUIDE
FOR HIGH SCHOOL STUDENTS

THEME **第2次産業革命と帝国主義**

## 第2次産業革命と帝国主義

第2次産業革命は，1870年代のヨーロッパから始まった。新たな動力源として石油や電力を利用し，
01_____工業を中心に技術革新が進展した。

### 第1次産業革命と第2次産業革命の比較

| | 第1次産業革命 | 第2次産業革命 |
|---|---|---|
| 時期 | 18〜19世紀 | 19世紀後半 |
| 動力源 | 石炭・蒸気力 | 石油・電力 |
| おもな産業 | 軽工業（繊維産業など） | 01_____工業 |
| 中心となった国 | イギリス | ドイツ・アメリカ |
| 結果 | ・産業資本家の誕生。<br>・工場制機械工業による商品生産。<br>・原料の供給地，商品の市場としての植民地獲得。<br>・イギリスの覇権。 | ・重化学工業には巨額の資本が必要だったので，企業による独占が進行した。<br>➡独占資本が力をもつようになった。<br>・カルテル（同種企業の連合），トラスト（同種企業の合併），コンツェルン（他業種の企業の統合）の形成。<br>・資本の輸出先としての植民地獲得。 |

鉄道など。

● 02_____主義の時代の到来：列強諸国が，資源と市場を求めて，新しい植民地の獲得を進めた。また，従来からの植民地への介入を強めた。

●労働者政党の結成：工場労働者が増加。労働者は政治にとって無視できない勢力となった。

## 各国の帝国主義

独立国に近い権限があった。

### イギリス

鉄鋼生産量でアメリカとドイツに抜かれるが，国際政治における主導的な地位は維持。

| | 年代 | イギリスのできごと |
|---|---|---|
| | □ 1901 | オーストラリア，自治領に |
| | □ 1906 | 03_____党が成立 |
| | □ 1907 | ニュージーランド，自治領に |
| | □ 1910 | 南アフリカ連邦，自治領に |
| | □ 1914 | 04_____自治法が成立 |

・カナダ・オーストラリア・ニュージーランド・南アフリカ連邦を自治領とする。

・労働組合などが集まって 03_____党を結成。

・1914年に 04_____自治法が成立するが，第一次世界大戦を理由に施行を延期。

THEME **第2次産業革命と帝国主義**

## フランス

アフリカと東南アジアに植民地を拡大。国内では，
反ユダヤ主義にもとづく事件がおこり，保守派と
共和派の対立がおこる。

| 年代 | フランスのできごと |
|---|---|
| ☐ 1894 | 05＿＿＿＿＿＿＿事件がおこる（〜 1899） |
| ☐ 1905 | フランス社会党の成立 |

● 05＿＿＿＿＿＿＿事件：ユダヤ系の将校がスパイ容疑で逮捕された事件。のちにえん罪が確定。

## ドイツ

1888 年に即位した 06＿＿＿＿＿＿＿　が
政治の主導権を握り，ビスマルクが失脚。「世
界政策」を掲げて海軍力を増強した。

| 年代 | ドイツのできごと |
|---|---|
| ☐ 1888 | 皇帝 06＿＿＿＿＿＿＿即位 ➡「世界政策」を展開 |
| ☐ 1912 | 07＿＿＿＿＿＿＿党が第一党となる |

● 「世界政策」：19 世紀末からのドイツの帝国主義政策を示した表現。
- 社会主義者鎮圧法が廃止されたことで，07＿＿＿＿＿＿＿党が勢力をのばし，第一党となる。
  ➡ 08＿＿＿＿＿＿＿は，革命ではなく議会を通じて社会主義を実現することを主張した。
    …マルクス主義者に批判され，修正主義とよばれた。

## ロシア

極東に勢力を広げるため 09＿＿＿＿＿＿＿鉄道を建設。

●日露戦争：おなじく満洲への進出をめざす日本
　と対立。戦争への不満が高まり，「血
　の日曜日事件」をきっかけに 10＿＿＿＿＿＿＿革命がおこる。

| 年代 | ロシアのできごと |
|---|---|
| ☐ 1891 | 09＿＿＿＿＿＿＿鉄道起工 |
| ☐ 1904 | 日露戦争がおこる（〜 1905） |
| ☐ 1905 | 10＿＿＿＿＿＿＿革命がおこる |

　➡皇帝 11＿＿＿＿＿＿＿が専制的な姿勢を強めた。

## アメリカ

19 世紀末までに工業力世界 1 位に。その頃，
太平洋やカリブ海に進出。

| 年代 | アメリカのできごと |
|---|---|
| ☐ 1898 | 12＿＿＿＿＿＿＿戦争がおこる |
| ☐ 1899 | 門戸開放を宣言 |

● 12＿＿＿＿＿＿＿戦争
　➡アメリカが勝利。フィリピンやプエルトリコなどを獲得。キューバを保護国化。
- 13＿＿＿＿＿＿＿大統領による「棍棒外交」。
  └軍事力を背景とした外交政策。
　14＿＿＿＿＿＿＿運河の開設などを進める。
- 対中国政策として，門戸開放・機会均等・領土保全を他国にもよびかけた。
  └中国への参入機会の対等化。　　└中国の領土と行政の安全を保つこと。

No.

Date

歴史総合
MODERN AND CONTEMPORARY HISTORY

THE LOOSE-LEAF STUDY GUIDE
FOR HIGH SCHOOL STUDENTS

# THEME 列強の世界分割

## アフリカ分割の流れ

| 年代 | アフリカ・西アジアのできごと |
|---|---|
| ☐ 1881 | エジプトでウラービーが抵抗運動をおこす（～ 1882） |
| | ➡イギリスがエジプトを保護国化 |
| ☐ 1884 | 01 _____ 会議が開催される（～ 1885） |
| ☐ 1898 | 02 _____ 事件がおこる |
| ☐ 1899 | 03 _____ 戦争がおこる（～ 1902） |
| ☐ 1904 | アフリカ分割をめぐって 04 _____ 協商が結ばれる |
| ☐ 1911 | イタリア=トルコ戦争がおこる（～ 1912） |

> イタリアがおこした侵略戦争。オスマン帝国からリビアを獲得した。

## アフリカの植民地化

アフリカ大陸は，リヴィングストンやスタンリーらの探検で内部の様子が明らかになり，ヨーロッパ諸国による植民地獲得競争の対象となった。20 世紀初頭までに，エチオピアと 05 _____ 以外が植民地化された。

● 01 _____ 会議（1884 ～ 85）
➡ドイツのビスマルクが開催した。アフリカを植民地化する際の実効支配の原則を定めた。

> アフリカ諸国を無視して「土地先占権」を認めたよ。

### イギリスとフランス

#### イギリス

┌ オランダ系移民の子孫。

● 03 _____ 戦争：ブール人に勝利。ブール人の国を併合して南アフリカ連邦成立。
● 06 _____ 政策：ケープタウンとカイロを連結しようとするイギリスのアフリカ進出策。
● 07 _____ 政策：ケープタウン・カイロ・カルカッタを結ぶイギリスの帝国主義政策。

#### フランス

● 08 _____ 政策：アルジェリアからサハラ砂漠を経由し，ジブチやマダガスカルと連結するフランスのアフリカ進出策。

↓

その結果，スーダンでイギリスとフランスが衝突。02 _____ 事件がおこる。
➡フランスが譲歩して解決。さらに，ヴィルヘルム 2 世率いるドイツのアフリカ進出に対抗するため，英仏が接近。1904 年に 04 _____ 協商を結んだ。

地図中のラベル：
タンジール / モロッコ（保）/ アルジェリア / カイロ / エジプト（保）/ アガディール / サハラ砂漠 / リビア / スーダン / フランス領西アフリカ / ジブチ / ファショダ / エチオピア / リベリア / マダガスカル / ケープ植民地 / ケープタウン

凡例：
イギリス領 / フランス領 / ドイツ領 / イタリア領 / スペイン領 / ポルトガル領 / ベルギー領 / フランスの進出 / イギリスの進出 / （保）保護国

▲ 20 世紀初めのアフリカ

## 太平洋地域・ラテンアメリカの流れ

| 年代 | 太平洋地域・ラテンアメリカのできごと |
|---|---|
| ☐ 1840 | イギリス，ニュージーランドを植民地とする |
| ☐ 1880 年代 | ドイツ，太平洋の島々に進出 |
| ☐ 1898 | アメリカ＝スペイン（米西）戦争 ➡ 09 _____ の保護国化（1902） |
|  | 10 _____ 王国，アメリカに併合される |
| ☐ 1910 | メキシコで独裁政権に対する 11 _____ 革命がおこる（～ 1917） |

## 太平洋地域の分割とラテンアメリカ

▲太平洋での列強の勢力圏

### イギリス

18 世紀後半：オーストラリアを流刑植民地とする。

➡先住民のアボリジニを抑圧。

19 世紀前半：ニュージーランドを植民地とする。

➡先住民のマオリを抑圧。

### アメリカ

アメリカ＝スペイン戦争に勝利したアメリカは，09 _____ を保護国化。フィリピン・グアムを獲

得。10 _____ 王国も 1898 年に併合。

### ラテンアメリカ

● 11 _____ 革命：独裁政権を打倒し，**民主的憲法**を制定した。ビリャらが率いた。

└─●土地改革，労働者の権利保護など。

## 三国同盟と三国協商

● 12 _____ ：1882 年にドイツ・オーストリア・イタリアが結成。

➡フランスを外交的に孤立させることが目的。

● 13 _____ ：イギリス・フランス・ロシアの協力関係。

➡ドイツの勢力拡大を警戒。

フランス－ロシア（露仏同盟），イギリス－フラン

ス（04 _____ 協商），イギリス－ロシア（英露協商）

日本 1902 イギリス
1907
ロシア
1904 ドイツ
1894
フランス
1882 オーストリア
イタリア

▲列強の同盟関係

このほか，イギリスは他国と同盟を結ばない従来の方針（「光栄ある孤立」）から転換し，1902 年に日

本と 14 _____ 同盟を結んだ。

No.

Date

歴史総合
MODERN AND CONTEMPORARY HISTORY

THE LOOSE-LEAF STUDY GUIDE
FOR HIGH SCHOOL STUDENTS

# THEME 日露戦争と韓国併合

## 東アジアの流れ

| 年代 | 東アジアのできごと |
|---|---|
| ☐ 1898 | 中国で政治改革（ 01 　　　　　　）に着手 |
| ☐ 1900 | 中国で義和団戦争がおこる ➡ 02 　　　　　　（辛丑和約）で講和（1901） |
| ☐ 1902 | 日本とイギリスが 03 　　　　　　同盟を結ぶ |
| ☐ 1904 | 日露戦争がおこる ➡ 04 　　　　　　条約で講和（1905） |
| ☐ 1905 | 第2次日韓協約を結ぶ ➡ 韓国の保護国化 |
| ☐ 1907 | 韓国で抗日運動である 05 　　　　　　がおこる |
| ☐ 1909 | ハルビンで 06 　　　　　　が暗殺される |
| ☐ 1910 | 日本が韓国を植民地とする（韓国併合） |

## 列強による中国分割

日清戦争での清の敗北をきっかけに，中国分割が始まる。

### 列強の租借地・勢力圏

| | |
|---|---|
| 07 | 膠州湾，山東地方 |
| 08 | 遼東半島の旅順，大連，東北地方 |
| 09 | 九竜半島（新界），威海衛など |
| 10 | 広州湾など |
| 11 | 福建省，台湾 |

出遅れたアメリカは，中国の門戸開放・機会均等・領土保
全を提唱した。

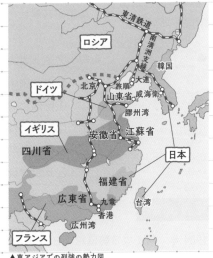

▲東アジアでの列強の勢力図

## 戊戌の変法

分割の危機に直面した中国では，日本にならった近代化改革（変法）が始まった。

● 01 　　　　　　（康有為が中心）➡ 戊戌の政変（西太后らによるクーデタ）➡ 改革は失敗。

（保守派）

## 義和団戦争

列強の中国への進出に民衆が反発。各地で排外運動がおこる。

● 義和団戦争：山東省の農村でおこった義和団が，「 12 　　　　　　」を唱え，北京に入城。
　　　　　　　　　　　　　　　　　　　　　　清を助けて，外国を滅ぼすの意。

　　➡ 列強は8カ国連合軍を組織して，義和団を鎮圧した。
　　　　日本・ロシア・イギリス・フランス・アメリカ・ドイツ・オーストリア・イタリアからなる。

● 02 　　　　　　（辛丑和約）：中国が賠償金の支払い，外国軍隊の北京駐屯を認めた。

## 日露戦争

中国東北部（満洲）に進出したロシアは，韓国と満洲の利権をめぐって日本と対立。

1904 年に日露戦争がおこる。

| | 日本 | ロシア |
|---|---|---|
| 開戦前の状況 | ・1902 年に 03 _____ 同盟を結ぶ | ・義和団戦争後，ロシア軍が中国東北部（満洲）を占領 |
| 開戦後の経過 | 1904.2 日本軍が旅順港のロシア艦隊を攻撃<br>　　　　日本は韓国と日韓議定書を締結<br>↓<br>1905.1 日本軍が旅順を占領<br>↓<br>1905.5 13 _____ で，日本軍がロシアのバルチック艦隊に勝利 | |
| 戦争終盤の状況 | ・弾薬や兵士の補給ができず，戦争の継続が困難に | ・1905 年革命（第 1 次ロシア革命）がおこり，戦争の継続が困難に |

● 04 _____ 条約：アメリカ大統領セオドア＝ローズヴェルトが調停して結ばれた。

　　　　　日本全権…小村寿太郎　　ロシア全権…ウィッテ

　　　　　①韓国に対する日本の監督・指導権を認める。

　　　　　②ロシアは関東州（旅順・大連を中心とした地域）の租借権と長春－旅順間の鉄道利権を日本へ譲渡

　　　　　③ロシアは北緯 50 度以南の 14 _____ を日本へ譲渡。

> 賠償金が支払われなかったため，講和に反対する日比谷焼打ち事件がおこった。

## 韓国併合

1904 年　第 1 次日韓協約：日本は，韓国に財政と外交の顧問を送り込む。

↓

1905 年　第 2 次日韓協約：韓国の外交権を奪う。➡韓国の保護国化。

　　　　　漢城に 15 _____ を設置し，06 _____ を初代統監とした。

1907 年　ハーグ密使事件：オランダで開かれた第 2 回万国平和会議に韓国が密使を送り，日本の不当な支配を訴えた。

　　　　　第 3 次日韓協約：韓国の内政権を奪う。

　　　　　05 _____ （反日の武装抵抗運動）がおこる

1909 年　ハルビンにて，韓国の独立運動家の安重根（アンジュングン）によって 06 _____ が暗殺された。

↓

1910 年　韓国併合条約を強要して，韓国を植民地とした。16 _____ を設置。

　　　　　➡民族運動を弾圧し，武断政治を行う。

No.

Date

歴史総合
MODERN AND CONTEMPORARY HISTORY

THE LOOSE-LEAF STUDY GUIDE
FOR HIGH SCHOOL STUDENTS

# THEME 辛亥革命とアジアの独立運動

## 中国の流れ

| 年代 | 中国のできごと |
|---|---|
| ☐ 1900 初頭 | 01 [___] 新政が始まる |
| ☐ 1905 | 02 [___] が日本の東京で中国同盟会を組織 |
| ☐ 1911 | 幹線鉄道の国有化をきっかけに 03 [___] 革命がおこる |
| | 湖北省の武昌で，軍隊の一部が蜂起（武昌蜂起） |
| ☐ 1912 | 02 [___] を臨時大総統として中華民国が成立 |
| ☐ 1915 | 04 [___] が帝政復活を企てる |

## 光緒新政

● 01 [___] 新政：義和団戦争後，西太后のもとで進められた近代化改革。

戊戌の変法がめざした改革方針が踏襲された。

① 05 [___] の廃止（1905 年）。

└● 隋の時代に始まった官吏を登用するための試験制度。

②海外の制度を導入した近代的な軍隊の編成（1905 年）。

③立憲政の準備として 06 [___] を発表（1908 年）。

└● 国会の開設を約束。

## 辛亥革命

華僑や留学生などの間で革命運動が活発になり，各地で革命団体がつくられた。

●中国同盟会：1905 年に 02 [___] が日本の東京で結成した。

➡民族・民権・民生の 07 [___] 主義を掲げた。

漢民族の独立。┘  └共和国の  └貧富の差の是正。
　　　　　　　　　建設。

1911 年　中国政府による幹線鉄道の国有化に反対した四

川の民衆が武装蜂起した（四川暴動）。

↓

湖北省の武昌で新軍が蜂起（武昌蜂起）。

湖北省の独立を宣言し，03 [___] 革命の発端となった。

↓

1912 年　02 [___] を臨時大総統に選出し，南京で中華民

国の成立を宣言。

↓

04 [___] が臨時大総統となり，清の最後の皇帝 08 [___] が退位。

└● のちに帝政を復活してみずから帝位に就こうとしたが反発にあい失敗した。

▲辛亥革命が広がった地域

ロシア

朝鮮
（日本領）

日本

四川　湖北　南京

武昌

台湾（日本領）

　■ 革命が発生した省
　■ 独立を宣言した省

## THEME 辛亥革命とアジアの独立運動

### インド・東南アジア

20世紀には，アジア各地で独立運動が高揚し，植民地支配への抵抗が続けられた。

| 年代 | インド・東南アジアのできごと |
| --- | --- |
| ☐ 1885 | 09 _____ 会議の結成 |
| ☐ 1896 | フィリピン革命が始まる |
| ☐ 1905 | 10 _____ が発布される |
| ☐ 1912 | インドネシアで 11 _____ 同盟 （サレカット=イスラーム）の結成 |

#### インド

1885年に結成された 09 _____ 会議を中心に民族運動が展開された。

┌─ 反英運動の中心地。
● 10 _____ ：ベンガル州を東西に分け，それぞれムスリムとヒンドゥー教徒の地区とした。反英運動の分断をねらった政策。

● 12 _____ 連盟：イギリスの支援で結成された，親英的なムスリムの政治団体。

#### インドネシア

1912年に 11 _____ 同盟（サレカット=イスラーム）が結成され，民族運動が展開された。

#### ベトナム

● 13 _____ 運動：ファン=ボイ=チャウらが推進した，日本へ留学生を派遣する運動。フランスから日本へ取締りの要請があり，運動は挫折した。

#### フィリピン

1880年代，14 _____ らの言論活動で民族意識が高まった。

● フィリピン革命：15 _____ を中心に1896年から展開された革命運動。アメリカがスペインからフィリピンを獲得し，フィリピン=アメリカ戦争にフィリピンが敗れたことで，革命勢力は降伏（1901年）。

### 西アジア

日露戦争における日本の勝利とロシアの1905年革命（第1次ロシア革命）は，西アジアの民族運動に影響を与えた。

| 年代 | 西アジアのできごと |
| --- | --- |
| ☐ 1905 | イランで 16 _____ 革命が始まる（～1911） |
| ☐ 1908 | オスマン帝国で，17 _____ 革命がおこる |

● 16 _____ 革命：ガージャール朝の専制と列強への従属に対し，民衆が蜂起。➡国民議会の開設と憲法制定を実現。➡イギリスとロシアの干渉で失敗に終わった。

● 17 _____ 革命：オスマン帝国の専制に反対する青年将校らが蜂起。➡オスマン帝国憲法（ミドハト憲法）の復活と議会の再開。

THEME **国際秩序の変化や大衆化への問い（アメリカ合衆国とソ連の台頭）**

## 戦間期のアメリカ合衆国とソ連

第一次世界大戦後の国際社会で，大きく勢力を伸ばしたのはアメリカ合衆国とロシア（ソ連）だった。次の「世界の工業生産高の国別割合」と「戦間期の工業生産指数」のグラフから，各国の変化を確認しよう。

### 各国の工業生産の比較

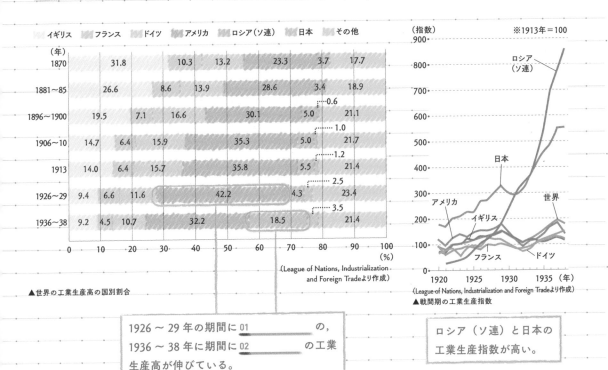

▲世界の工業生産高の国別割合
（League of Nations, Industrialization and Foreign Tradeより作成）

▲戦間期の工業生産指数
（League of Nations, Industrialization and Foreign Tradeより作成）

1926 ～ 29 年の期間に 01 ＿＿＿＿ の，
1936 ～ 38 年に期間に 02 ＿＿＿＿ の工業
生産高が伸びている。

ロシア（ソ連）と日本の
工業生産指数が高い。

- **アメリカ合衆国**：第一次世界大戦後，アメリカはヨーロッパに資金を提供することで債権国として国際社会で大きな影響力をもった。国内では大衆消費社会の到来をむかえ，1929 年の世界恐慌まで繁栄が続いた。

- **ロシア（ソ連）**：第一次世界大戦後に社会主義国となったロシア（1922 年よりソ連）は，計画経済によって政府が生産や流通を管理していたため世界恐慌の影響を受けなかった。そのため 1930 年代までにソ連の工業生産は急速に拡大した。

- **日本**：世界恐慌で打撃をうけた日本は，大蔵大臣の高橋是清のもとで円安政策が進められた。この円安を利用して輸出を増大させることで 1933 年には恐慌前の生産高を回復した。

## THEME 国際秩序の変化や大衆化への問い（植民地の独立

### 植民地独立のおもな流れ

| 年代 | 世界のできごと |
| --- | --- |
| ☐ 1783 | イギリスがアメリカの独立を承認➡アメリカ合衆国の成立 |
| ☐ 19 c前半 | ラテンアメリカ諸国の独立が進む |
| ☐ 1918 | 第一次世界大戦が終結 |
| ☐ 1919 | パリ講和会議で民族自決の原則が定められる |
| | 英仏による西アジア諸国の委任統治が始まる |
| ☐ 1920 | 十四カ条の平和原則にもとづき，国際連盟が発足 |
| ☐ 1945 | 第二次世界大戦が終結 |
| | 大西洋憲章にもとづき，国際連合が発足 |
| ☐ 1960 | アフリカで 17 カ国の独立が実現➡「アフリカの年」 |

### 植民地の独立

第一次世界大戦と第二次世界大戦がそれぞれ終戦をむかえたとき，植民地から数多くの独立国が生まれたが，そのほとんどがヨーロッパの国々に支配されていた地域だった。その範囲や植民地の数を，下の地図やグラフから確認しよう。

### 植民地の状況

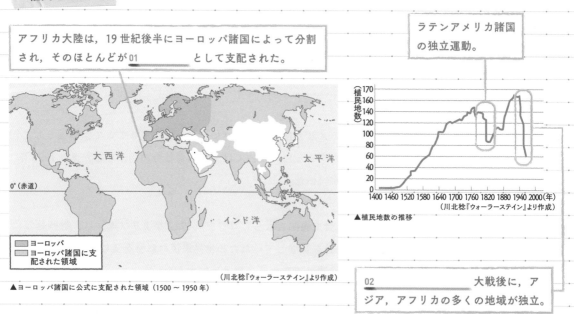

アフリカ大陸は，19 世紀後半にヨーロッパ諸国によって分割され，そのほとんどが 01 〔　　　〕として支配された。

ラテンアメリカ諸国の独立運動。

▲植民地数の推移
（川北稔『ウォーラーステイン』より作成）

■ヨーロッパ
■ヨーロッパ諸国に支配された領域

（川北稔『ウォーラーステイン』より作成）

▲ヨーロッパ諸国に公式に支配された領域（1500 ～ 1950 年）

02 〔　　　〕大戦後に，アジア，アフリカの多くの地域が独立。

No.
Date
歴史総合
MODERN AND CONTEMPORARY HISTORY

THE LOOSE-LEAF STUDY GUIDE
FOR HIGH SCHOOL STUDENTS

THEME **緊迫化する国際関係**

## ヨーロッパの国際関係の流れ

| 年代 | ヨーロッパのできごと |
|---|---|
| ☐ 1873 | ドイツ・ロシア・オーストリアが 01 _____ 同盟を結ぶ |
| ☐ 1882 | ドイツ・イタリア・オーストリアが 02 _____ 同盟を結ぶ |
| ☐ 1890 | ドイツ，ロシアとの再保障条約の更新を拒否 |
| ☐ 1894 | 03 _____ 同盟が結ばれる |
| ☐ 1902 | 04 _____ 同盟が結ばれる |
| ☐ 1904 | 05 _____ 協商が結ばれる |
| ☐ 1907 | 06 _____ 協商が結ばれる |

03〜06 の右側：三国協商の成立。

## 第一次世界大戦前の国際関係

### 三国同盟の形成

ドイツの外交方針：フランスの孤立化とヨーロッパ列強の勢力を均衡に保つこと。

● 01 _____ 同盟 （1873 〜 1878, 1881 〜 1887）
➡ ドイツのビスマルクが，ロシア・オースト
リアと結んだ同盟。

↓

1878 年のベルリン会議で事実上同盟解消し，
1881 年に復活した。

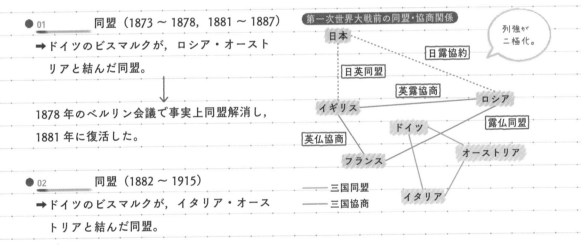

第一次世界大戦前の同盟・協商関係

列強が
二極化。

日本　日露協約
日英同盟
英露協商　ロシア
イギリス　露仏同盟
英仏協商　ドイツ
フランス　オーストリア
———三国同盟
———三国協商　イタリア

● 02 _____ 同盟 （1882 〜 1915）
➡ ドイツのビスマルクが，イタリア・オース
トリアと結んだ同盟。

### 三国協商の形成

ドイツの対外進出に対抗した，イギリス・ロシア・フランス3国の協力関係の総称。
└ ドイツ皇帝ヴィルヘルム2世の積極的な対外進出は「世界政策」とよばれた。

● 03 _____ 同盟 （1894）：ドイツがロシアとの再保障条約更新を拒否し，露仏が接近。
● 05 _____ 協商 （1904）：アフリカ分割をめぐって英仏が協力した。
● 06 _____ 協商 （1907）：イランやアフガニスタンでの勢力範囲を決定した。
日本は，1902 年にイギリスと 04 _____ 同盟，1907 年にロシアと日露協約を結び，第一次世界大戦に
は協商国側で参戦した。

## バルカン半島の流れ

| 年代 | バルカン半島・ヨーロッパのできごと |
|---|---|
| ☐ 1908 | オスマン帝国で，07　　　　　　革命がおこる |
| | オーストリアが 08　　　　　　　　　を併合 |
| ☐ 1912 | セルビア・ブルガリア・モンテネグロ・ギリシアが 09　　　　　同盟を結成 |
| | 第1次バルカン戦争がおこる（〜 1913） |
| ☐ 1913 | 第2次バルカン戦争がおこる |

## バルカン戦争

▲第2次バルカン戦争後のバルカン半島

・ヨーロッパ列強は，弱体化するオスマン帝国で勢力を拡大
しようとした。

・バルカン半島で諸国の対立が激化し，それぞれの国を
支援していた列強同士の対立につながった。

➡バルカン半島は「ヨーロッパの火薬庫」とよばれた。

| パン＝スラヴ主義 | ：スラヴ系民族の統一をめざす。 |

↳セルビアが中心。ロシアが支持。

⇕

| パン＝ゲルマン主義 | ：ゲルマン系民族の統一をめざす。 |

↳バルカン支配をめざすドイツが
オーストリアを支持。

● 07　　　　　革命の混乱に乗じてブルガリアが独立，オーストリアが

08　　　　　　　　　　　を併合。

↳スラヴ系住民が多数。

↓

セルビアをはじめとするバルカン半島の諸民族の反発がおこる。

↓

┌セルビア・ブルガリア・モンテネグロ・ギリシアの4カ国。

●バルカン諸国は，ロシアの仲介で 09　　　　　同盟を結成。

↓

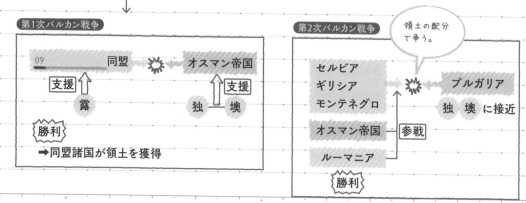

No.

Date

歴史総合
MODERN AND CONTEMPORARY HISTORY

THE LOOSE-LEAF STUDY GUIDE
FOR HIGH SCHOOL STUDENTS

HEME **第一次世界大戦**

## 第一次世界大戦の流れ

| 年代 | 第一次世界大戦に関するできごと |
|---|---|
| ☐ 1914 | 01 _____ 事件でオーストリア帝位継承者夫妻が暗殺される |
| | 第一次世界大戦が始まる |
| | 日本，ドイツに宣戦布告 |
| ☐ 1915 | 日本，中国に 02 _____ を強要 |
| | イタリア，連合国側で参戦 |
| ☐ 1917 | ドイツの 03 _____ 作戦を機に，アメリカが参戦 |
| | 日本とアメリカが 04 _____ 協定を結ぶ |
| ☐ 1918 | アメリカ大統領 05 _____ が「十四カ条」の平和原則を発表 |
| | ドイツとロシアが 06 _____ 条約を結ぶ |
| | キール軍港の水兵反乱がおこる ➡ 07 _____ 革命 |

## 第一次世界大戦の開戦

● 01 _____ 事件：オーストリアの帝位継承者夫妻が，セルビア人にサライェヴォで暗殺された事件。➡オーストリアがセルビアに宣戦布告。

┌→ 三国同盟
| 08 _____ | 国：**ドイツ，オーストリア，ブルガリア，オスマン帝国。**

vs.

| 09 _____ | 国：**ロシア，イギリス，フランス，日本，イタリア，アメリカ。**
└→ 三国協商
（連合国）

1915年参戦！　　1917年参戦！

凡例：
- 協商国側
- 同盟国側
- 中立国
- 同盟国軍の占領地域

▲第一次世界大戦中のヨーロッパ

## 第一次世界大戦の特徴

● 10 _____ 戦：銃弾をさけるために地中に掘った溝（ 10 _____ ）に身をひそめた兵士どうしによる
戦いのこと。膠着状態の原因となった。

● 新兵器の投入：毒ガス・戦車・飛行機などの新兵器が登場した。

● 11 _____ 戦：戦場のみならず，社会においても産業などが戦争のために全面的に動員されること。
男性の不在により，女性が職場に進出した。

● 世界戦争：ヨーロッパから中東，列強の植民地である東アジア，太平洋地域まで巻きこんだ世界規模
の戦争となった。

## 日本の参戦

1914年　日本は日英同盟を理由に参戦。

　　　➡中国での日本の勢力を拡大しようとドイツに宣戦布告。

　　　・ドイツ領南洋諸島，山東省の青島を占領。

1915年　02 _____ を中国政府に強要。

　　　・山東省のドイツ権益の継承。

　　　・関東州の租借期限の延長。

　　　・南満洲鉄道の権益など。

1917年　アメリカと 04 _____ 協定を結ぶ。

　　　➡中国における日本の特別な権益が承認された。

日中関係悪化。

▲山東半島と青島

## 戦時外交

各国は，第一次世界大戦中，戦争協力をとりつけるために秘密外交をくり返した。なかでも，イギリス
はアラブ地域をめぐって矛盾した約束をしたため，今日まで続くパレスチナ問題の発端となった。

● 12 _____ 協定（1915）

イギリスが，オスマン帝国支配下のアラブ人に独立国家の建設を約束。

● 13 _____ 協定（1916）

イギリス・フランス・ロシアが，オスマン帝国領のアラブ地域の分割を取り決める。

● 14 _____ 宣言（1917）

イギリスがユダヤ人に対し，パレスチナに「民族的な郷土」を建設することを認めた。

## アメリカの参戦と終戦

　　指定する航路外の船舶を，無警告で攻撃した。

1917年4月　ドイツの 03 _____ 作戦開始を理由に，アメリカが連合国側で参戦。

1918年3月　ドイツとロシアが 06 _____ 条約を結び講和。

1918年11月　ドイツのキール軍港で兵士の蜂起がおこる。

　　　➡ヴィルヘルム2世は亡命し，ドイツ共和国が成立（ 07 _____ 革命）。➡終戦。

連合国有利に。

No.
Date.

歴史総合
MODERN AND CONTEMPORARY HISTORY

THE LOOSE-LEAF STUDY GUIDE
FOR HIGH SCHOOL STUDENTS

THEME **ロシア革命とシベリア出兵**

## ロシア革命の流れ

| 年代 | ロシアのできごと |
|---|---|
| ☐ 1905 | 血の日曜日事件➡1905年革命（第1次ロシア革命）…ソヴィエトが組織される |
| ☐ 1917.3 | 二月（三月）革命がおこり，皇帝 01 ＿＿＿＿＿ が退位 |
| .11 | 十月（十一月）革命がおこり，ソヴィエト政権が成立 |
| ☐ 1918.3 | 02 ＿＿＿＿＿ 条約を結び，ドイツと講和 |
| .4 | 03 ＿＿＿＿＿ 戦争が始まる➡日本などによるシベリア出兵（1918.8） |
| ☐ 1919 | コミンテルン（第3インターナショナル，共産主義インターナショナル）が 04 ＿＿＿＿＿ で結成される |
| ☐ 1921 | 05 ＿＿＿＿＿ を宣言➡市場経済を部分的に容認 |
| ☐ 1922 | 06 ＿＿＿＿＿ が成立 |
| ☐ 1925 | 日ソ基本条約を結ぶ➡日本が 07 ＿＿＿＿＿ から撤兵 |

## ロシア革命

第一次世界大戦が長期化し，ロシアでは深刻な食料不足がおこる。➡国民の不満が高まった。

**二月（三月）革命**

ロシア暦で
2月。

首都ペトログラードで，労働者と兵士がパンを求めるデモをおこし，反乱へ発展。

➡皇帝 01 ＿＿＿＿＿ が退位した。

ロマノフ朝が
滅亡したよ！

労働者・兵士がソヴィエト
（評議会）を組織
➡革命の中心的役割を担う。

**十月（十一月）革命**

ロシア暦で
10月。

● 08 ＿＿＿＿＿ 政府：二月革命で成立した自由主義者による政府。戦争を継続する方針。

レーニンが「**四月テーゼ**」を発表。戦争の終結と，臨時政府の打倒を主張。
└ 臨時政府を認めず，ソヴィエト（評議会）が
社会主義革命をおこすことを説いた。

レーニン率いるボリシェヴィキがペトログラードで蜂起。

➡ 08 ＿＿＿＿＿ 政府を倒して，ソヴィエト政権を樹立した。

● 「09 ＿＿＿＿＿ に関する布告」
交戦国に，民族自決を原則とし，無併合・無償金の講和
をよびかけた。

● 「10 ＿＿＿＿＿ に関する布告」
国内のすべての土地を国有化した。

● 首都を 04 ＿＿＿＿＿ に移した。

（写真:アフロ）
▲演説するレーニン

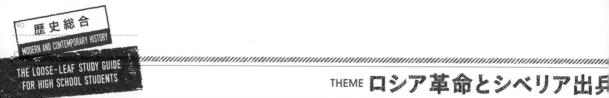

## 内戦とソ連の成立

1918 年，ソヴィエト政権と，十月革命を認めない勢力とのあいだで内戦が始まった。

・連合国は，革命の拡大をおそれ，ロシアへ派兵（03 ____ 戦争）。
・レーニンは革命軍（11 ____ ）をつくる。←反革命軍（白軍）が対抗。

共産党（ボリシェヴィキから改称）の一党独裁体制が成立。

1921 年，レーニンは 05 ____ を宣言。➡市場経済を部分的に容認。

● コミンテルン（第 3 インターナショナル，共産主義インターナショナル）

レーニンが 04 ____ で設立。各国で共産主義政党を設立することをめざした組織。

● 06 ____

1922 年 12 月，ロシア・ウクライナ・白ロシ
ア（現ベラルーシ）・ザカフカースの 4 つの
共和国が結成した連邦国家。

▲ソヴィエト社会主義共和国連邦

## 日本のシベリア出兵

日本は，連合国の 03 ____ 戦争のよびかけに応じ，最大 7 万人近くを派兵（シベリア出兵）。
➡国際的地位の向上や経済的権益の拡大をもくろんだ。

> 連合国は合わせて 2 万。

ソヴィエト政権打倒の見込みはなく，各国は 1919 年
に撤退開始。日本は占領を継続。

● 尼港事件：1920 年に，ニコラエフスク（尼港）
で，日本人約 740 人が殺害された事件。
➡日本は北樺太（北サハリン）を占領。

長期の占領に対して，国内外から批判が高まり，
1922 年に 12 ____ から撤退。
1925 年に 07 ____ から撤退。

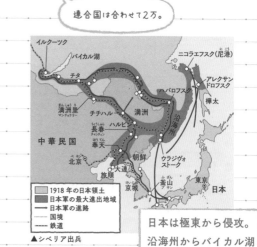
▲シベリア出兵

> 日本は極東から侵攻。
> 沿海州からバイカル湖
> 周辺までの広範囲で鉄
> 道沿いを占領した。

No.

Date

歴史総合
MODERN AND CONTEMPORARY HISTORY

THE LOOSE-LEAF STUDY GUIDE
FOR HIGH SCHOOL STUDENTS

# THEME ヴェルサイユ体制とワシントン体制

## 第一次世界大戦後の流れ

| 年代 | 連合国のできごと |
|---|---|
| □ 1918 | アメリカ大統領 01 ＿＿＿＿＿ が「十四カ条」の平和原則発表 |
| □ 1919.1 | パリ講和会議が開催される |
| .6 | ドイツと 02 ＿＿＿＿＿ 条約を結ぶ |
| .9 | オーストリアと 03 ＿＿＿＿＿ 条約を結ぶ |
| .11 | ブルガリアと 04 ＿＿＿＿＿ 条約を結ぶ |
| □ 1920.1 | 国際連盟が設立される |
| .6 | ハンガリーと 05 ＿＿＿＿＿ 条約を結ぶ |
| .8 | オスマン帝国と 06 ＿＿＿＿＿ 条約を結ぶ |
| □ 1921 | ワシントン会議を開催（〜 1922） |

## パリ講和会議

● パリ講和会議：戦勝国があつまり，賠償や戦後の秩序について決定した。

➡ アメリカの 01 ＿＿＿＿＿ 大統領は「十四カ条」の平和原則にもとづいた講和を主張。

しかし ↓

● 02 ＿＿＿＿＿ 条約：連合国とドイツの講和条約。

➡ 巨額の賠償金の支払い，すべての海外植民地の放棄，アルザス・
ロレーヌのフランスへの返還，軍備の大幅な制限などが取り決め
られた。

➡ 日本は，山東省（さんとう）の旧ドイツ権益の継承を認められ，赤道以北の旧
ドイツ領南洋諸島の委任統治権を得た。

この条約で確立した国際秩序をヴェルサイユ体制という。

- 07 ＿＿＿＿＿ 外交の廃止
- 海洋の自由
- 関税障壁の撤廃
- 08 ＿＿＿＿＿ の縮小
- 植民地問題の公正な解決
- 国際平和機構の設立
など

❶ルクセンブルク大公国
❷ロレーヌ　❸アルザス
❹リヒテンシュタイン公国
▬ 大戦前のドイツ帝国
▬ 大戦前のオーストリア＝ハンガリー帝国
▬ 大戦前のロシア帝国

ロシア帝国の崩壊
により成立。

オーストリア＝ハン
ガリー帝国の崩壊に
より成立。

◀第一次世界大戦後のヨーロッパ

## THEME ヴェルサイユ体制とワシントン体制

### 民族自決

各民族が，国の帰属や組織について，みずから決定する権利をもつという考え方。

中・東欧諸国には適用されたが，アジア・アフリカ地域には認められなかったため，

独立や自治を求める各地域で，不満が高まった。
> → 先進諸国が保護する必要があるとして，
> 委任統治が行われた。

➡パリ講和会議の結果に不満をもち，朝鮮半島で 09 _____ 運動，

中国で 10 _____ 運動がおこった。

### 国際連盟

●国際連盟の設立：ウィルソンの「14カ条」にもとづいて設
　　　　　　　　立。42カ国が発足時に参加。

| 本部 |➡スイスのジュネーヴ |

| 常任理事国 |➡イギリス・フランス・イタリア・日本（のち
　　　　　　　　にドイツ・ソ連が加わる）

> 孤立主義をとった。

・提唱国のアメリカは，上院が反対したため不参加。

・ドイツは1925年のロカルノ条約にもとづき加盟。

|  | 1920 | 30 | 40 | 45年 |
|---|---|---|---|---|
| フランス | | | | |
| イギリス | | | | |
| イタリア | | | 37（脱退を通告） | |
| ド　イ　ツ | 26 | 33（脱退を通告） | | |
| 日　　本 | | 33（脱退を通告） | | |
| ソ　　連 | | 34 → 39（除名） | | |

世界恐慌　第二次世界大戦
（『ブリタニカ国際大百科事典』）
▲国際連盟への加盟

●国際連盟のデメリット

軍事制裁の手段をもたず，また議決には総会の全会一致が必要だった。

➡紛争解決能力はなかった。

### ワシントン体制

アメリカの主導で，1921〜22年にワシントン会議が開かれた。

…アジア・太平洋地域の国際秩序を形づくった。

| 条約名 | 参加国 | 内容 |
|---|---|---|
| 11 _____ 条約 | 米・英・日・仏 | ・太平洋地域の現状維持を定めた条約。<br>・これにより 12 _____ 同盟が終了した。 |
| 13 _____ 条約 | 米・英・日・仏・伊 | ・主力艦の保有比率を定め，軍備を制限した。<br>➡アメリカとイギリスが同等の主力艦をもつ<br>　形で軍縮。 |
| 14 _____ 条約 | 米・英・日・仏・伊・<br>ベルギー・ポルトガル・<br>オランダ・中国 | ・中国の主権と独立の尊重，領土の保全，門<br>　戸開放，機会均等を定めた。<br>・日本は，山東半島の旧ドイツ権益を中国に<br>　返還した。 |

## THEME 戦間期の欧米

### イギリスの流れ

**国内**

選挙法改正（第4回〈1918年〉）

➡財産による制限の撤廃と女性参政権を認めた。

➡国民の不満の声が反映され，02 _____ 党政権

　が成立。

**国外**

┌ カナダ・オーストラリア・
　ニュージーランドなど。

大戦に参加した自治領が発言力を高める。

➡03 _____ 憲章の布告。

　…自治領は本国と同等の地位を認められた。➡イギリス連邦（コモンウェルス）の成立。

● 01 _____ 独立戦争：アイルランド自治法が施行延期になったことで，独立の動き。

　　　　　　　➡自治領としてのアイルランド自由国の成立を認めた。

| 年代 | イギリスのできごと |
|---|---|
| ☐ 1918 | 女性参政権が認められる |
| ☐ 1919 | 01 _____ 独立戦争がおこる（〜 1921） |
| ☐ 1924 | 初の 02 _____ 党政権誕生 |
| ☐ 1931 | 03 _____ 憲章が布告される |

### フランスの流れ

第一次世界大戦で主戦場になったフランスでは，ドイツへの警戒が強かった。

↓

1923年 04 _____ 占領：賠償金の支払いが滞ったドイツに対し，ベルギーとともに04 _____

　工業地帯を占領。➡国際的批判を受け，成果のないまま1925年に撤兵。

### ドイツの流れ

ドイツ革命後，労働者・兵士による評議会（レーテ）
が成立し，社会民主党政府が成立。

● 05 _____ 憲法：民主的な憲法。

　・男女平等の普通選挙権。

　・社会権の保障。

| 年代 | フランス・ドイツに関するできごと |
|---|---|
| ☐ 1919 | 05 _____ 憲法を制定 |
| ☐ 1923 | 04 _____ 占領 |
| ☐ 1924 | 06 _____ 案が成立 |
| ☐ 1925 | 07 _____ が大統領に当選 |

1923年の 04 _____ 占領がきっかけとなり，激しいインフレが発生。

➡シュトレーゼマン首相が，紙幣改革を行って鎮静化。

➡シュトレーゼマンは，その後，外務大臣としてドイツの国際社会復帰に尽力。

● 06 _____ 案：ドイツの賠償金額の引き下げ，アメリカからドイツへの資金の貸しつけなど。

　　　　　　➡ヨーロッパ諸国にとっての債権者であるアメリカが，ヨーロッパの経済安定をはかった。

国民の間では，ヴェルサイユ条約の過酷な内容に不満が高まる。

➡ 07 _____ が大統領に当選。

> 第一次世界大戦の
> 軍指導者。

## イタリアの流れ

第一次世界大戦で戦勝国となったが，期待していたほどの領土が得られず，国民の不満が高まる。

…イタリアの獲得した領土は，未回収のイタリア（南チロルとトリエステ）に限られた。

| 年代 | イタリアのできごと |
| --- | --- |
| ☐ 1919 | 08 _____ 党が結成される |
| ☐ 1922 | ムッソリーニが 09 _____ 進軍を行う |
| ☐ 1926 | 08 _____ 党の独裁体制が確立 |

1919 年　ムッソリーニが，08 _____ 党を結成し，社会主義の拡大をおそれる資本家などの保守層や中間層の支持をあつめる。

1922 年　ムッソリーニが政権を握るため 09 _____ 進軍を敢行。➡国王から首相に任命される。

> 自由主義国家から
> ファシズム国家へ。

1926 年　08 _____ 党の独裁体制が確立。

## 国際協調の推進

フランスのルール占領の失敗。➡各国の対ドイツ強硬政策の方針転換へ。

● 10 _____ 条約（1925）：ドイツのシュトレーゼマン首相のときに調印。

・11 _____ の非武装化。　　　　　⟶　ドイツの国際連盟加盟（1926 年）

・ドイツの西側の国境の維持。

● 12 _____ 条約（パリ不戦条約，ブリアン・ケロッグ条約）（1928）

➡のちに 63 カ国が調印。国際紛争の解決手段として武力を使用することを禁止した。

No.

Date

歴史総合
MODERN AND CONTEMPORARY HISTORY

THE LOOSE-LEAF STUDY GUIDE
FOR HIGH SCHOOL STUDENTS

THEME **東アジアの民族運動**

## 第一次世界大戦後の流れ

| 年代 | 東アジアのできごと |
|---|---|
| ☐ 1915 | 中国で 01 _____ らが，雑誌『新青年』を創刊 |
| ☐ 1919.3 | 朝鮮で 02 _____ がおこる |
| .5 | 中国で 03 _____ がおこる |
| .10 | 04 _____ が中国国民党を結成 |
| ☐ 1921 | 01 _____ らが中国共産党を結成 |
| ☐ 1924 | 国民党と共産党が提携する（第 1 次 05 _____ ）（〜 1927） |
| ☐ 1926 | 蒋介石，中国統一をめざして 06 _____ を開始 |
| ☐ 1927 | 南京に国民政府が成立 |
| ☐ 1931 | 07 _____ を主席とする中華ソヴィエト共和国臨時政府が成立 |

> 「民主と科学」を
> スローガンとした。

## 東アジアの民族運動

第一次世界大戦後，民族自決の原則が適用されることに期待し，アジア・アフリカ地域で民族運動が広がった。

**朝鮮**：日本統治下の朝鮮では，海外在住の朝鮮人独立運動家が独立を計画。

● 02 _____ ：市民や学生が「独立万歳」を唱えて，京城（現ソウル）で大規模なデモをおこした。

➡ 日本政府は，従来の武力による統治から，**文化政治**に転換した。
└ 憲兵制度の廃止や朝鮮人の
官吏登用などの懐柔策。

> 原敬内閣。

**中国**：パリ講和会議（1919）で二十一カ条の要求の取り消しを訴えたが，否決された。

● 03 _____ ：北京大学の学生を中心とする反日抗議運動が全国に広まる。

↓

中国はヴェルサイユ条約の調印を拒否。

● 新文化運動：1910 年代の中国で，海外の思想を取り入れた知識人たちが，新しい社会をつくろうとした啓蒙運動。五・四運動と同じく北京大学が中心となった。

➡ 旧来の儒教道徳などを批判し，08 _____ 運動をおこした。
└ 難解な文語にかえて口語を提唱した。

### 代表的な知識人

· 01 _____ ：新文化運動の中心人物のひとり。啓蒙雑誌の『新青年』を創刊した。

· 09 _____ ：代表作は『阿Q正伝』『狂人日記』など。

THEME **東アジアの民族運動**

## 国民党と共産党

┌→軍人が私的に率いる軍事集団。

袁世凱の死後，各地に台頭した軍閥が支配権をめぐり対立。こうしたなか，新たな政党が結成された。

● 中国国民党： 04 □□□□□ の指導のもと，大衆政党をめざした。

➡ 資本主義のもとでの発展をめざした。

> 中華革命党から
> 改称したよ！

● 中国共産党：1921年， 01 □□□□□ を初代委員長として，上海（シャンハイ）で結成。

➡ 社会主義体制の成立をめざした。

## 中国の統一

┌→ ソ連との連帯，中国共産党との協力，労働者や農民への支援など
  革命を進めるという方針。

1924年 国民党の 04 □□□□□ は，「連ソ・容共・扶助工農」の方針を掲げて，北部の軍閥を倒すために

共産党と協力関係を結んだ（第1次 05 □□□□□ ）。

…コミンテルンの指導によって成立。

1925年 04 □□□□□ の死。➡蔣介石が指導者に。

1926年 国民党の蔣介石が，軍閥の打倒と中国の統一をめざ

して 06 □□□□□ を開始。

> 国共合作は崩壊。

・1927年に共産党に対し 10 □□□□□ をおこ

し，上海の共産党勢力を排除。

➡ 南京に国民政府を建設。

・日本の 11 □□□□□ 出兵（1927～1929）をしりぞける。
　┌→日本人居留民の保護を名目に，日本が派兵。

1928年 日本と結んだ張作霖（ちょうさくりん）を北京から追放し，中国統一を達成。

▶ 国民革命軍北伐路

北伐完了 1928.6
満洲国
（1932年成立）
内モンゴル
熱河
奉天
関東州
大連
北京 旅順
蘭州 太原
西安 済南 青島
四川 鄭州 延安
重慶 武漢 南京
長沙 上海 国民政府成立 1927.4
北伐開始 1926.7 井岡山 瑞金 蔣介石の上海クーデタ 1927.4
広州
フランス領
インドシナ連邦

▲ 1920～1930年代の中国

### 共産党の動き

10 □□□□□ による弾圧後，江西省の山岳地帯を中心に活動。

➡ 瑞金（ずいきん）に， 07 □□□□□ を主席とする中華ソヴィエト共和国臨時政府が成立。

● 12 □□□□□ ：国民党の攻撃を受けた共産党は，1934年に根拠地を瑞金から，陝西省（せんせいしょう）の

13 □□□□□ へと移動した。

No.
Date
歴史総合
MODERN AND CONTEMPORARY HISTORY

THE LOOSE-LEAF STUDY GUIDE
FOR HIGH SCHOOL STUDENTS

THEME **南アジア・東南アジア・西アジアの民族運動**

## 南アジアの民族運動

イギリスは，第一次世界大戦でインドが派兵する
見返りとして，自治を約束。

➡民族運動の高揚，タタなどの民族資本家の成長。

### 戦後のイギリスの対応

●インド統治法（1919年）：権限の一部をインド
　人に移行したが，自治は実現しなかった。

● 01 ＿＿＿＿＿法：令状なしの逮捕や裁判な
　しの投獄を認める。➡反英運動をおさえた。

| 年代 | 南アジアのできごと |
|---|---|
| ☐ 1919 | インド統治法が制定される |
| | 01 ＿＿＿＿＿法が制定される |
| ☐ 1927 | 憲法改革調査委員会（サイモン委員会）が設置される |
| ☐ 1929 | 急進派が完全独立（プールナ＝スワラージ）を決議 |
| ☐ 1930 | 02 ＿＿＿＿＿が「塩の行進」を開始 |
| ☐ 1935 | インド統治法が制定される |

### インド民衆の反発

・ 02 ＿＿＿＿＿が非協力運動を提唱し，非暴力・不服従の民族運動を開始。

・憲法改革調査委員会（サイモン委員会）にインド人が含まれておらず，民族運動が激化。
　└➡新しいインド統治法を制定するための組織。

・ 03 ＿＿＿＿＿ら急進派が，国民会議派大会で完全独立（プールナ＝スワラージ）を決議。

・ 02 ＿＿＿＿＿がイギリスの塩の専売に抵抗して行進する運動「塩の行進」を開始。

●インド統治法（1935年）：インド人による各州の自治が認められた。

一方，1940年に 04 ＿＿＿＿＿率いる全インド＝ムスリム連盟は，イスラーム国家であるパキスタンの
建設をめざすとした。

## 東南アジアの民族運動

●インドネシア

1920年　インドネシア共産党が成立し民族運動を展開。➡オランダの弾圧で失敗。

1927年　05 ＿＿＿＿＿がインドネシア国民党を結成。➡オランダの弾圧で解散。

1930年代　オランダの弾圧が強化される。

●ベトナム

1930年　06 ＿＿＿＿＿がインドシナ共産党を結成。

　　　　➡フランスにより弾圧される。

> 世界恐慌による貧困に苦しむ人々の支持を得た。

THEME **南アジア・東南アジア・西アジアの民族運動**

● ビルマ

1930 年　学生を中心にタキン党を結成。

　　　　➡イギリスにより弾圧される。

> 国王による
> 専制がおわる。

● タイ

1932 年　07　　　　　　革命がおこり，立憲君主政となる。

● フィリピン

→10 年後の独立が認められた。

1934 年　フィリピン独立準備法が制定された。

1935 年　フィリピン独立準備政府が発足した。

　　　　➡第二次世界大戦で日本に占領されたことで，独立がおくれた。

▲ヴェルサイユ体制下の東南アジア

## 西アジアの民族運動

### オスマン帝国

→領土の縮小と連合国による分割。

第一次世界大戦後，セーヴル条約に反対する

08　　　　　　　　　　　が抵抗運動を組織し，革命政

府を樹立。

→失った領土の回復。

1923 年　連合軍と 09　　　　　　条約を結び，

　　　　トルコ共和国を樹立。

　　　　➡カリフ制の廃止，政教分離などの改革。

▲第一次世界大戦後の西アジア

●オスマン帝国解体後のアラブ地域では，イギリス・フ

ランスによる 10　　　　　　　が始まった。

➡イギリスが統治するパレスチナにユダヤ人の移住が

　進み，アラブ人とユダヤ人との間で緊張が高まる。

➡サウジアラビアは，11　　　　　　　　が中心

　となり，1932 年に独立した。

→ワッハーブ派と協力。

● シオニズム

パレスチナにユダヤ人国家の建設を目
指す運動。イギリスが第一次世界大戦
中にユダヤ人に国家建設を認めたこと
で高まる。イギリスはアラブ人とも矛
盾した約束を交わしていた。

### イラン・アフガニスタン

●イラン：1925 年，12　　　　　　がガージャール朝を倒し，13　　　　　　　朝を開いて

　近代化を進めた。

●アフガニスタン：イギリスに勝利し，1919 年に完全独立。

No.

歴史総合
MODERN AND CONTEMPORARY HISTORY

Date

THE LOOSE-LEAF STUDY GUIDE
FOR HIGH SCHOOL STUDENTS

THEME **大衆社会の成立**

## アメリカの繁栄

第一次世界大戦後，アメリカは大きな発言権を得た。

第一次世界大戦以前のアメリカ： 債務国

↓

第一次世界大戦後のアメリカ  債権国

理由

・ヨーロッパに戦費として巨額の資金を提供した。

・アメリカ本土が戦場にならなかった。

↓

国際社会における，政治的・経済的な発言力を獲得。

アメリカ

民間資本 ↓  ↑ 戦債支払い

ドイツ・オーストリア → 賠償金支払い → イギリス・フランス

▲欧米の資本の循環（ドーズ案成立後）

● 01 _____ 社会：大量生産，大量消費と大衆文化に特徴づけられる社会のこと。

（写真：アフロ）

・自動車：フォードが 02 _____ を開発。

ベルトコンベアを導入し大量生産。

・家電製品：冷蔵庫・掃除機・洗濯機・アイロン

など。

➡大量生産により，低価格になり，

大量消費につながった。

● 03 _____ 層：会社員や公務員などの，サ

ラリーマン（俸給生活者）

が社会の中核となった。

● 04 _____ 文化：均質な大衆のライフスタイル

にもとづく文化。

➡ジャズ・映画・スポーツ観戦・タブロイド新聞・ラジオ放送など。

▲Ｔ型フォードの生産工場

## アメリカ社会

●人種差別問題：黒人や移民への差別は残る。

➡人種差別団体 05 _____ による暴力。

● 06 _____ 法（1919）：アルコールの製造販売を禁止したが，酒の密造の増加をまねいた。

● 07 _____ 法（1924）：アメリカへの移民を制限する法律。

➡東欧，南欧の移民を制限，日本を含むアジアからの移民を禁止した。

## 日本の都市化と教育

第一次世界大戦後，工業化が進むなかで，農村の
人口が東京や大阪などの都市へ流入した。

↓

新中間層の増加

・教員や記者・編集者などとして働く女性も現れ，
08 _____ とよばれた。

> 新市域での増加がとくに目立つ。

▼東京市の人口の推移

| 年 | 旧東京市 | 新市域※ | 合計 |
|---|---|---|---|
| 1920 | 2173 | 1177 | 3350 |
| 1930 | 2070 | 2899 | 4970 |
| 1932 | 2100 | 3211 | 5311 |
| 1936 | 2284 | 3801 | 6085 |

（千人）
※ 1932 年に東京市に編入された，周辺 5 郡 82 町村のこと。
（越沢明『東京の都市計画』より作成）

### 教育の発達

義務教育の就学率は，1920 年に 99％をこえた。

● 09 _____ 令：1918 年に公布。公・私立大学や単科の大学の設立を認めた。

➡ 早稲田大学や慶應義塾大学などの私立大学が公認され，大学生数が急増した。

## 大衆文化とマスメディア

関東大震災から復興後の東京では，アメリカの影
響を受けた消費文化が流行した。

・映画：19 世紀末に海外から輸入。1930 年代には
トーキー（発声）映画が普及。
└● 画面と音が一体となった映画。

・百貨店：さまざまな品物を販売・陳列した。

・円本ブーム：1 冊 1 円で毎月 1 冊刊行する全集，円本がブームとなった。

・ 13 _____ ：洋服を着た若い女性の呼称。

・雑誌：1919 年創刊の『改造』や，1925 年創刊の『 10 _____ 』などの総合雑誌が現れた。

| 年代 | 日本のできごと |
|---|---|
| ☐ 1923 | 関東大震災がおこる |
| ☐ 1925 | 月刊誌『 10 _____ 』創刊 |
|  | 11 _____ 放送の開始 |
| ☐ 1926 | 12 _____ （NHK）の設立 |

### マスメディア

教育水準の向上を背景に，マスメディアの発達もみられた。

●新聞：識字率の上昇により，100 万部をこえる新聞も現れた。

● 11 _____ 放送：1925 年に東京・大阪・名古屋に放送局がおかれた。

> 1951 年までは
> 唯一の放送機関。

● 12 _____ （NHK）：1926 年に東京・大阪・名古屋の放送局を統合して設立。

No.

歴史総合
MODERN AND CONTEMPORARY HISTORY

Date

THE LOOSE-LEAF STUDY GUIDE
FOR HIGH SCHOOL STUDENTS

THEME **大正政変と米騒動**

## 大正時代の流れ

| 年代 | 日本のできごと |
|---|---|
| ☐ 1912 | 陸軍の2個師団増設要求を拒否➡第2次西園寺公望内閣が退陣 |
| | 01＿＿＿＿＿＿運動がおこる |
| ☐ 1913 | 02＿＿＿＿＿がおこる➡桂内閣が退陣 |
| ☐ 1914 | 03＿＿＿＿＿事件がおこる➡第1次山本権兵衛内閣が退陣 |
| | 第一次世界大戦に参戦 |
| ☐ 1915 | 日本が二十一カ条の要求を中国に強要 |
| ☐ 1916 | 大隈内閣の与党だった諸党派が04＿＿＿＿＿を組織 |
| ☐ 1918 | 全国各地で05＿＿＿＿＿が発生➡寺内正毅内閣が退陣 |
| | 初の本格的な06＿＿＿＿＿が成立 |

## 大正政変

「デモクラシー」運動の本格化。➡民衆の政治参加の拡大，政党内閣の恒常化。

●西園寺公望内閣（第2次）

・2個師団増設問題：陸軍の軍事力増強の要求を，内閣が財政難を理由に拒否。➡陸軍が軍部大臣現役武官制を使って陸軍大臣を辞任させ，後任を出さなかった。

➡ 内閣は総辞職

藩閥と陸軍が基盤。

●桂太郎内閣（第3次）

・01＿＿＿＿＿運動：桂太郎が立憲政友会などと協力しない立場をとったため，立憲政友会の07＿＿＿＿＿を中心に倒閣運動が高まった。
スローガンとして「閥族打破・憲政擁護」が掲げられた。

・02＿＿＿＿＿：桂太郎は08＿＿＿＿＿の創立を宣言して対抗しようとしたが，07＿＿＿＿＿の弾劾演説によって護憲を支持する民衆が集まり，議会が停止した。

➡ 内閣は総辞職

民衆が初めて政治を動かした！

●山本権兵衛内閣（第1次）

・デモクラシーの拡大につとめた。

・03＿＿＿＿＿事件：ドイツの軍事企業と海軍高官の汚職事件。

➡ 内閣は総辞職

シーメンス社。

## 第一次世界大戦と米騒動

● 09　　　　　　内閣（第2次）

1914 年　第一次世界大戦に参戦。

1915 年　中国に対して二十一カ条の要求を行った。

第一次世界大戦の参戦や二十一カ条の要求が, 国際社会での日本の不信を招いたとして批判される。

→ 内閣は総辞職

● 寺内正毅内閣

↕ 対立

・ 04　　　　　：大隈内閣の与党だった 08　　　　　　　　　　を中心に組織された保守政党。
　　　　　　　　野党として寺内内閣と対立した。

・ 10　　　　　：第一次世界大戦でヨーロッパからの輸出が
　　　　　　　　とまり, 日本の工業生産が急増。
　　　　　　　→貿易収支は大幅な黒字に。
　　　　　　　・重化学工業, 繊維業, 造船業が発達。
　　　　　　　・工業生産額, 工場労働者数が増大。
　　　　　　　・国民総生産（GNP）が 1914 年から 5 年間
　　　　　　　　でおよそ 1.5 倍に。

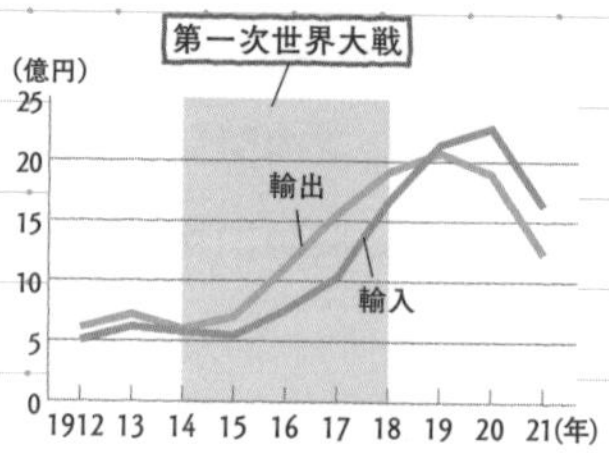

▲第一次世界大戦前後の日本の貿易

・ 05　　　　　：シベリア出兵にともなう米の買い占めがおこり, 米の価格が暴騰したため, 富
　　　　　　　　山県の主婦が米屋に押しかけた。この暴動が全国に広がった。

→ 内閣は総辞職

（平民宰相。）

（社会運動活発化の
きっかけとなった。）

● 11　　　　　内閣

立憲政友会の総裁。初の衆議院議員の首相。産業の振興や教育機関の充実などに取り組んだ。

・ 06　　　　　：議会内の第一党である政党を中心に組織された内閣。

　　　　　11　　　　　内閣のときに本格的に始められ, 1924 年の加藤高明内閣から
　　　　　1932 年の犬養毅内閣まで続いた（「憲政の常道」）。

No.

Date

歴史総合
MODERN AND CONTEMPORARY HISTORY

THE LOOSE-LEAF STUDY GUIDE
FOR HIGH SCHOOL STUDENTS

THEME **社会運動と普通選挙の実現**

## 労働運動・社会運動の流れ

| 年代 | 国際的なできごと | 年代 | 日本のできごと |
|---|---|---|---|
| ☐ 1904 | 国際女性参政権同盟の結成 | ☐ 1920 | 03 _____ 協会が発足 |
| ☐ 1918 | イギリス，第4回選挙法改正で 01 _____ が認められる | ☐ 1922 | 04 _____ が結成され，部落解放運動が本格化 |
| ☐ 1919 | 02 _____ 機関（ILO）の設立 国際労働組合連盟の再建 | | 05 _____ 組合の結成 |
| | | ☐ 1923 | 関東大震災がおこる |
| | | ☐ 1925 | 06 _____ 法，07 _____ 法 を制定 |

## 労働問題・社会運動

### 国際的な動き

●女性運動：19世紀頃，欧米で女性の地位向上を求める運動がおこった。

1848年　アメリカで女性の権利大会が開催される。

1904年　国際女性参政権同盟が結成される。

　　　　➡各地で女性参政権獲得を主張するデモ。

●労働運動：第一次世界大戦後に，労働組合の国際組織の再建がめざされた。
　　　　• 1919年に国際労働組合連盟が再建。

1919年　02 _____ 機関の設立：政府・労働組合・使用者が，対等な立場で労働問題を協議。

　　　　➡条約や勧告によって，労働者の待遇改善につとめる。

| 女性参政権の獲得年 | |
|---|---|
| 1893 | ニュージーランド |
| 1902 | オーストラリア |
| 1906 | フィンランド |
| 1913 | ノルウェー |
| 1915 | デンマーク |
| 1917 | ロシア |
| 1918 | イギリス |
| 1919 | ドイツ，オランダ |
| 1920 | アメリカ |
| 1934 | トルコ |
| 1944 | フランス |
| 1945 | 日本，イタリア |

### 日本の動き

●女性運動：1920年代に女性参政権を求める運動が高揚。

1911年　平塚らいてうが 08 _____ を結成。

　　　　➡女性だけの文学団体。雑誌『青鞜』を発刊した。

1920年　平塚らいてう，市川房枝を中心に 03 _____ 協会が発足し，女性の政治参加を主張。

1924年　婦人参政権獲得期成同盟会が結成された。

●部落解放運動

　• 04 _____ ：被差別民の差別解消のために結成された。

● 労働運動

- 09 ＿＿＿＿＿＿：労働時間や賃金など，労働者の待遇をめぐって，経営者と労働者の間でおきる争いのこと。

- 10 ＿＿＿＿＿＿：小作人が地主に対して，小作料の減免などを要求した争いのこと。
   ➡ 05 ＿＿＿＿＿＿組合が結成された 1920 年代初め頃に急増し，1924 年に小作調停法が制定された。

## 関東大震災

●関東大震災：1923 年 9 月 1 日，関東地方でおきた強い地震。

火災による被害が大きく，10 万人以上の死者が出た。
➡多くの企業が被災し，大量の不良債権（11 ＿＿＿＿＿手形）が発生した。

## 普通選挙

┌─ 30 歳以上の女性にも選挙権が与えられた。

1918 年にイギリスで男性普通選挙が実現したことを受けて，
日本でも原敬内閣のときに普通選挙運動が盛んになった。

### 背景となった思想

● 12 ＿＿＿＿＿説：憲法学者の美濃部達吉が唱えた説で，天皇は国家の機関のひとつであるとし，民意による政党内閣が統治すべきとした。

● 13 ＿＿＿＿＿：政治学者の吉野作造が唱えた説で，民衆の政治参加を主張し，民衆の意向にもとづく政治を理想とした。
   ➡吉野作造の影響を受けて，東京帝国大学の学生が新人会を結成した。

東大生の思想運動団体。普通選挙
運動：労働運動などに参加。

● 14 ＿＿＿＿＿運動：加藤高明を首相として，「憲政擁護・普選実現」を掲げる護憲三派内閣が成立した。

立憲政友会，憲政会，革新倶楽部の三派。

### 加藤高明内閣の政策

● 06 ＿＿＿＿＿法：活発化した社会主義運動を取り締まる目的で導入され，天皇制や資本主義を否定する者を罰した。

● 07 ＿＿＿＿＿法：納税資格を撤廃し，満 25 歳以上の男性に選挙権を，満 30 歳以上の男性に被選挙権を認めた。

No.
Date
歴史総合
MODERN AND CONTEMPORARY HISTORY

THE LOOSE-LEAF STUDY GUIDE
FOR HIGH SCHOOL STUDENTS

THEME **世界恐慌**

## 戦間期の流れ

| 年代 | 世界恐慌のできごと |
|---|---|
| ☐ 1928 | ソ連で第1次 01＿＿＿＿＿＿＿ が開始される（〜 1932） |
| ☐ 1929 | ニューヨークの 02＿＿＿＿＿＿＿ にある証券取引所で株価が暴落（世界恐慌） |
| ☐ 1931 | イギリスが 03＿＿＿ 本位制を離脱 |
| ☐ 1932 | カナダのオタワで 04＿＿＿＿＿＿＿ 会議が開かれる |
| ☐ 1933 | アメリカで「05＿＿＿＿＿＿＿＿」政策が始まる |
| ☐ 1935 | アメリカで 06＿＿＿＿＿＿ 法が制定される |

## 世界恐慌

1929 年，アメリカのニューヨークの 02＿＿＿＿＿＿＿
にあるニューヨーク株式市場で，株価が暴落。

ドイツの賠償金の支払いが，アメリカの資本の供与によ
って支えられていた。
➡アメリカでの恐慌はヨーロッパ，さらに植民地へ波及。

↓

世界中に波及し，世界恐慌となる。
・失業者が増加。社会不安がおこる。
・各国は，自国の経済・産業を守るための政策をとった。

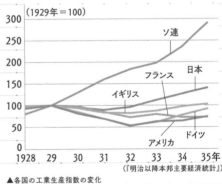

▲各国の工業生産指数の変化
（『明治以降本邦主要経済統計』）

## アメリカの対策

1933 年に大統領に就任した民主党のフランクリン＝ローズヴェルト大統領のもと，
「05＿＿＿＿＿＿＿＿」政策が始まる。└→「新規まき直し」の意味。
➡国家が積極的に経済活動に介入することで経済の建て直しをはかる。

・農業調整法（AAA）：農産物の生産を調整。農産物の価格引き上げをはかった。
・全国産業復興法（NIRA）：企業の生産や価格を政府が統制し，産業の回復をはかった。
・07＿＿＿＿＿＿＿＿（TVA）：大規模な公共事業。地域開発と雇用の促進をはかった。
・06＿＿＿＿＿＿ 法：労働者の団結権・団体交渉権を保障した。

●08＿＿＿＿＿＿ 外交：ラテンアメリカ諸国に干渉せず，関係改善をめざした。
●ドル＝ブロック：アメリカ合衆国を中心とした南北アメリカの経済ブロック。

## イギリスの対策

イギリスは，イギリス連邦内の関税を下げて，連邦外の国に高い関税をかけることで，ブロック化を進めた。

● 09 _____ 経済：本国と植民地・自治領などが，排他的な経済圏をつくること。

> 国家間の対立を深める原因に。

1931年 03 _____ 本位制を離脱。

・ 03 _____ 本位制：その国の通貨の信用を金によって保証する制度。一国の通貨量は，中央銀行の保有する金の量による。

1932年 カナダのオタワで 04 _____ 会議が開かれる。
→ 連邦内部の関税を下げ，連邦域外の関税を上げる 10 _____ =ブロック。

## フランスの対策

● 11 _____ =ブロック：フランスとその植民地によって形成されたブロック経済圏。

● 03 _____ ブロック：フランスが 03 _____ 本位制を維持しようとして，ヨーロッパ諸国と形成したブロック経済圏。1936年に崩壊。

凡例：
□ イギリスのスターリング＝ブロック　■ ドイツの経済圏
□ アメリカのドル＝ブロック　□ 日本の円ブロック
□ フランスのフラン（金）ブロック

▲ブロック経済圏

## ドイツ・イタリア・日本

世界経済のブロック経済化が進むと，広大な植民地をもたないドイツ・イタリア・日本などは，経済的に不利になっていった。→海外進出路線を強める。

## ソ連の対策

┌ ソ連一国だけでも社会主義建設は可能であるとする考え。

レーニンの死後，一国社会主義論をとなえる 12 _____ が指導者となった。ソ連は資本主義国との経済関係が少なく，世界恐慌の影響を強くは受けなかった。1934年に国連加盟。

## 国際社会への復帰

1922年 13 _____ 条約：ドイツと国交を結んだ。
1925年 日本と国交を樹立。→日本は北樺太（北サハリン）から撤兵。

## 経済政策

● 第1次 01 _____ ：計画経済を導入。農民を集団農場に編入し，安価で穀物を供出することを義務づけた。

No.

歴史総合
MODERN AND CONTEMPORARY HISTORY
Date.

THE LOOSE-LEAF STUDY GUIDE
FOR HIGH SCHOOL STUDENTS

THEME **ファシズムの台頭**

## 戦間期の流れ

| 年代 | ファシズム体制下のできごと |
|---|---|
| ☐ 1923 | 国民社会主義ドイツ労働者党（ナチ党，ナチス），01_____ 一揆に失敗 |
| ☐ 1932 | ナチ党，第一党になる |
| ☐ 1933 | 国会議事堂放火事件がおこる➡02_____ 法の成立 |
|  | ドイツ，03_____ を脱退 |
| ☐ 1935 | ドイツ，04_____ 宣言をおこなう |
|  | イタリア，05_____ に侵攻（～ 1936） |
| ☐ 1936 | ドイツ，06_____ の非武装地帯に進駐 |
|  | スペインで反ファシズムの人民戦線内閣が成立➡スペイン内戦（～ 1939） |
| ☐ 1938 | イギリス・フランス・ドイツ・イタリアによる01_____ 会談 |

## ファシズム

● 07_____ ：1920 年代に成立したイタリアのムッソリーニ政権を始まりとする政治体制。

独裁的な指導者が，言論や社会生活をきびしく統制した。

### ファシズムの特徴

・極端なナショナリズム。➡他民族を排除。他国への侵略。

・共産党や労働運動を弾圧。

・議会主義を否定。

## ドイツでのファシズムの伸長

●国民社会主義ドイツ労働者党：ヒトラーが率いるファシズム政党。

1923 年　01_____ 一揆：政権獲得をねらってヒトラーがおこした武装蜂起。

失敗に終わり，ヒトラーは逮捕。

1932 年　世界恐慌のさなかの国会選挙で得票数を増やして第一党となり，翌年，ヒトラー政権成立。

1933 年　国会議事堂放火事件：ベルリンにある国会議事堂が放火された事件。ナチ党は元共産党員を

犯人として逮捕し，共産党を解党に追い込んだ。

02_____ 法：立法権を行政府に委ねた法律。ナチ党の独裁体制を確立。

## ドイツ・イタリアの対外侵略

### ドイツ

1933 年に 03 _____ から脱退したドイツは，
1935 年にヴェルサイユ条約を破棄し，04 _____
宣言を行った。

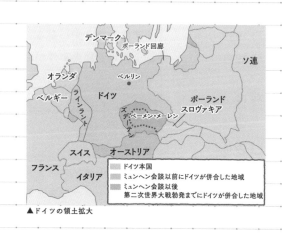

▲ドイツの領土拡大

1936 年 06 _____ の非武装地帯に進駐。

　　　…ロカルノ条約を破棄。

　　　　　　　⋮

　　イギリス・フランスは宥和政策でドイツ
　　に譲歩。

1938 年 オーストリアを併合。

　　チェコスロヴァキア領内の 08 _____ の割譲を要求。
　　└┈ドイツ人居住者が多い。

　　● 01 _____ 会談：イギリス・フランス・ドイツ・イタリアが参加。

　　　　　　　➡ドイツの要求を認める。

1939 年 09 _____ を解体。➡ベーメン・メーレンを保護領に。

### イタリア

世界恐慌で経済に打撃を受けたイタリアは，海外への進出をはかる。➡ドイツと接近。

1935 年 05 _____ に侵攻。➡翌年併合。

## スペイン内戦

人民戦線内閣の成立に対して，保守勢力の軍人 10 _____ が反乱をおこし，内戦となった（スペイン内戦）。イギリス・フランスは不干渉。1939 年に 10 _____ が人民戦線政府に勝利。

・人民戦線政府：左派勢力。➡ソ連・各国の国際義勇軍などが支援。

⇕

・10 _____ ：保守勢力。➡ドイツ・イタリアが支援。

No.

歴史総合
MODERN AND CONTEMPORARY HISTORY
Date.

THE LOOSE-LEAF STUDY GUIDE
FOR HIGH SCHOOL STUDENTS

THEME 政党内閣と恐慌

## 戦間期の流れ

| 年代 | 政党内閣時代のできごと |
|---|---|
| ☐ 1920 | 株の暴落をきっかけに 01 　　　　　　恐慌が発生 |
| ☐ 1923 | 関東大震災が発生➡ 02 　　　　恐慌 |
| ☐ 1927 | 大蔵大臣の失言がきっかけで 03 　　　　　恐慌が発生 |
|  | 第1次 04 　　　　　出兵が行われる |
| ☐ 1928 | 奉天郊外で 05 　　　　　爆殺事件がおこる |
| ☐ 1929 | 世界恐慌が発生 |
| ☐ 1930 | 金本位制への復帰（ 06 　　　　　）が実施される |
|  | 07 　　　　　　　　　　条約を結ぶ➡補助艦の制限 |

## 戦後恐慌・震災恐慌

● 01 　　　　恐慌：第一次世界大戦後も，日本企業が大戦中と同じように輸出商品を大量に生産し続ける。➡商品価値がさがったことで発生。

● 02 　　　　恐慌：関東大震災によって多くの会社・商店が焼失したことで発生。

…震災によって現金化できなくなった手形（震災手形）が，不良債権化して経済回復の足かせとなった。

## 金融恐慌

● 03 　　　　恐慌：衆議院で大蔵大臣が銀行の経営悪化について失言し，全国の銀行に預金者が押しかける取りつけ騒ぎがおこり，銀行の営業が停止。

➡主要な銀行のひとつだった台湾銀行を救済するための緊急勅令が否決され，若槻礼次郎内閣はその責任をとって退陣。

➡田中義一内閣が成立。

→ 銀行が支払いを一時停止すること。

●田中義一内閣の対応：3週間の 08 　　　　　　　　を発し，日本銀行から巨額の融資を行って恐慌をおさめた。

➡多くの中小銀行が大銀行に吸収された。

●五大銀行
三井・三菱・住友・安田・第一の財閥系銀行。
産業界への影響力を強めた。

## 昭和恐慌

● 09 ＿＿＿＿恐慌：浜口雄幸内閣は，金本位制への復帰
によって経済の活性化をはかったが，
世界恐慌が始まっていたことから日本
の輸出は大幅に不振となり，失業者が
増加するなど深刻な不況となった。

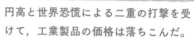
円高と世界恐慌による二重の打撃を受けて，工業製品の価格は落ちこんだ。

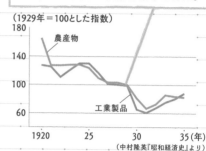

（1929年＝100とした指数）

▲日本の工業製品・農産物価格の推移
（中村隆英『昭和経済史』より）

### 浜口内閣の経済政策

①緊縮財政

➡物価の引き下げをはかったが，かえって経済活動の停滞を招く結果となった。

②金本位制への復帰（ 06 ＿＿＿＿＿ ）の実施

➡金本位制に復帰することで円の為替相場を安定させ，貿易の拡大をはかるねらいがあったが，世界
恐慌のため，輸出は大幅に減少した。

● 10 ＿＿＿＿恐慌： 09 ＿＿＿＿＿恐慌のなかで，米などの農産物価格の下落，繭価の暴落などで，東北地
方や養蚕地域を中心に困窮が深刻化した。

## 協調外交の挫折

●加藤高明・第１次若槻内閣

憲政会内閣の外相をつとめた幣原喜重郎がすすめた協調外交を 11 ＿＿＿＿＿＿ という。

イギリスやアメリカとの対立を避け，中国に対して関税自主権の回復を支持した。

↓

●田中義一内閣

・不戦条約（1928）に調印するなど協調外交を継続する一方で，中国には強硬姿勢をとった。

・ 04 ＿＿＿＿出兵：山東省済南の在留日本人を北伐軍から保護することを名目に，３次にわたっ
て日本軍が出兵し，北伐軍と衝突した。

・ 05 ＿＿＿＿爆殺事件：田中内閣の外交姿勢に不満をもった関東軍が，日本と協力関係にあっ
た満洲軍閥の 05 ＿＿＿＿＿ を殺害した事件。

↓

●浜口雄幸内閣

┌●各国の補助艦の保有トン数を決定。日本は英米とくらべて７割程度とされた。

・協調外交の立場から 07 ＿＿＿＿＿＿＿＿＿ 条約を結ぶ。

➡海軍などが反発して， 12 ＿＿＿＿＿＿ 問題がおこり，浜口首相が狙撃される。

┕●政治が兵力量を決定することは，天皇の統帥権を侵していると主張。

No.

Date

歴史総合
MODERN AND CONTEMPORARY HISTORY

THE LOOSE-LEAF STUDY GUIDE
FOR HIGH SCHOOL STUDENTS

# THEME 満洲事変と軍部の台頭

## 戦間期の流れ

| 年代 | 日本のできごと |
|------|----------------|
| ☐ 1931.3 | 陸軍の青年将校たちによるクーデタ未遂事件（三月事件） |
| .9 | 奉天郊外で 01 _____ 事件がおこる➡満洲事変に発展 |
| .12 | 高橋是清大蔵大臣が，02 _____ を行う |
| ☐ 1932.3 | 03 _____ を執政として満洲国が建国される |
| .5 | 04 _____ 事件がおこり，犬養毅首相が暗殺される |
| .9 | 日本，日満議定書によって満洲国を承認 |
| ☐ 1933 | 国際連盟総会で，05 _____ が報告書を提出➡1935年に脱退 |
| ☐ 1936.2 | 06 _____ 事件がおこり，高橋是清蔵相らが暗殺される |
| .11 | ドイツと接近し，日独防共協定が結ばれる |
| ☐ 1937.11 | イタリアが参加し，07 _____ 協定となる |

> 規定により
> 通告の2年後。

## 満洲事変

中国では国民政府や商工業者などが日本のもつ権益を回収しようと
する動きが出てきた。これに対し，中国での権益を守ろうとする関
東軍は，石原莞爾を中心に満洲の軍事占領を計画した。

▲日本の満洲進出

● 満洲事変：関東軍は，奉天郊外の 01 _____ で南満洲鉄道の線
路を爆破する 01 _____ 事件をおこし，中国軍によ
るものと主張して，その報復に満洲を軍事占領した。

● 満洲国：清の最後の皇帝である 03 _____ を執政として建国。実
態は日本の傀儡国家。

➡日本政府は日満議定書を結び，満洲国を承認した。

## 国際連盟の対応

中国が国際連盟に訴えたことに対し，05 _____ が派遣され，満洲事変の調査が行われた。

● リットン報告書：満洲における日本の権益維持は認めるが，満洲国は認められないと報告。

➡1933年に国際連盟総会で，日本に対する勧告（満洲国の承認撤回）案がほぼ全
会一致で採択され，日本は国際連盟からの脱退を通告した（1935年発効）。

## 恐慌からの回復

● 02 ＿＿＿＿＿：犬養毅内閣の大蔵大臣をつとめた高橋是清が行った。これによって、金本位制を脱出し、円安による輸出をうながした。

↓

輸出が急増し、重化学工業の振興も成功し、1933年には恐慌前の生産水準を回復。
➡列強のなかで、最初に世界恐慌からぬけだした。

↓

綿製品の輸出増加で、イギリスなどとの貿易摩擦がおこる。

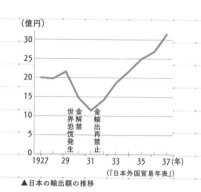

▲日本の輸出額の推移

### 農村経済

農村経済の停滞。➡農村の人口過剰が問題とされ、満洲国への農業移民が奨励された。

● 08 ＿＿＿＿＿運動：農村の自力更生を掲げ、農機具の共同購入や農産物の共同販売などをとおして、農家の産業組合への組織化を進めた。

## 軍部の台頭

● 04 ＿＿＿＿＿事件：1932年5月15日、政党内閣に不満をもつ海軍の青年将校らが、犬養毅首相を暗殺した。
➡犬養内閣の後、海軍大将の斎藤実、岡田啓介が続けて首相となり、政党内閣の時代は終わりを迎えた。

● 天皇機関説事件：09 ＿＿＿＿＿の天皇機関説が、天皇を軽んじているとして、批判された。
➡岡田啓介内閣は天皇機関説を禁止する 10 ＿＿＿＿＿を出した。

天皇の親政の実現をめざす一派。軍部による統制をめざす統制派と対立していた。

● 06 ＿＿＿＿＿事件：1936年2月26日、11 ＿＿＿＿＿派の青年将校が、高橋是清大蔵大臣や斎藤実前首相らを殺害。11 ＿＿＿＿＿派軍事政権の樹立をめざした。

陸軍はこの事件をきっかけに政治的な発言力を強めた。

➡昭和天皇が陸軍に鎮圧を命じ、中心となった青年将校らは処刑された。

### 国際関係

日本は共産主義に対抗することを目的として、ドイツと協力関係を結んだ。
● 日独防共協定：ソ連を仮想敵国とした対共産主義のための提携。
1937年にイタリアが加わり、07 ＿＿＿＿＿協定となった。

No.
Date

歴史総合
MODERN AND CONTEMPORARY HISTORY

THE LOOSE-LEAF STUDY GUIDE
FOR HIGH SCHOOL STUDENTS

THEME **日中戦争**

## 日中戦争の流れ

| 年代 | 日中戦争前後のできごと |
|---|---|
| ☐ 1933 | 塘沽停戦協定が結ばれる➡日本，華北分離工作をはかる |
| ☐ 1936 | 01 _____ 事件がおこる➡共産党と国民党が統一戦線を結成 |
| ☐ 1937.7 | 02 _____ 事件がおこる➡日中戦争の開戦 |
| .9 | 第1次近衛文麿内閣が 03 _____ を開始 |
| .10 | 戦争優先の経済統制（04 _____ ）を開始 |
| ☐ 1938.1 | 第1次近衛声明が出される |
| .4 | 05 _____ が制定される |
| ☐ 1940.3 | 汪兆銘が 06 _____ に国民政府を樹立 |

## 日中戦争開戦までの流れ

● **華北分離工作**：1933年に塘沽停戦協定で停戦した日本は，抗日勢力の排除のため華北へと軍を進め，

この地を国民政府から切り離そうとした。

↑

中国共産党を中心に，抗日の動きが高まる。

↓

● 01 _____ 事件：1936年，国民政府の張学良は，共産党との戦いを優先しようする

07 _____ を監禁し，抗日のための協力を要請。

➡国民党は抗日に方向転換。

↓

● 02 _____ 事件：北京郊外で日中両軍が衝突。

➡日中戦争の開戦。

### 日中の対応

| 日本 |：近衛文麿内閣は，中国との和平交渉に失敗し，

「08 _____ を対手とせず」とする声明を発表し，

外交交渉の道をとざした。

| 中国 |：日中戦争開戦後の1937年9月，共産党と国民党は，第

2次 09 _____ によって抗日民族統一戦線を結成。

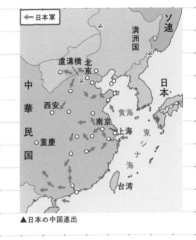

←日本軍

ソ連 満洲国 盧溝橋 北京 中華民国 西安 黄海 南京 重慶 上海 東シナ海 日本 台湾

▲日本の中国進出

## 日中戦争

### 日本軍の動き

日本軍は，苦戦しながらも占領地を拡大していったが，住民の抵抗などにより，戦局は膠着状態となった。

● 10 _____ 声明：近衛内閣による，東アジアに新たな国際秩序を建設するとした宣言。

● 汪兆銘工作：1940 年，06 _____ に日本に融和的な汪兆銘による親日政権をつくり，蔣介石政権の
打倒をめざした。

### 中国軍の動き

国民政府は，首都を武漢，ついで重慶に移し，アメリカ・イギリス・ソ連などの援助を受けながら抗戦を続けた。

● 11 _____：重慶の蔣介石政権に対して，
アメリカ・イギリスが軍事物
資を支援するためのルート。

▲援蔣ルート

## 戦時下の日本

### 国民の統制

| | | |
|---|---|---|
| 03 _____ | 1937.9 | 第 1 次近衛内閣が主導した，国民の戦意高揚をはかるための運動。 |
| 内閣情報部の設置 | 1937.9 | 1940 年に内閣情報局へ拡大。報道統制や検閲によって反戦論を禁じた。 |
| 04 _____ | 1937.10 | 近衛内閣が確立した，戦争優先の経済体制。<br>・輸出入品等臨時措置法：貿易物資を統制。<br>・企画院の設置：物資動員計画を立案。 |
| 05 _____ | 1938.4 | 戦時の経済や言論に対する政府の大幅な裁量権を認め，労働力や物資の徴用を議会の審議を経ずに行うことができるようにした。 |

No.

Date

歴史総合
MODERN AND CONTEMPORARY HISTORY

THE LOOSE-LEAF STUDY GUIDE
FOR HIGH SCHOOL STUDENTS

THEME **第二次世界大戦と太平洋戦争①**

## 第二次世界大戦の流れ

| 年代 | 欧米のできごと |
|---|---|
| ☐ 1939.8 | 01 ＿＿＿＿＿ 条約が結ばれる |
| .9 | ドイツが 02 ＿＿＿＿＿ に侵攻➡第二次世界大戦の始まり |
| .11 | ソ連が 03 ＿＿＿＿＿ に侵攻（冬戦争） |
| ☐ 1940.4 | ドイツがノルウェーに侵攻 |
| .6 | フランスがドイツに降伏➡ヴィシー政府の成立 （親ドイツ。） |
| ☐ 1941.3 | アメリカで 04 ＿＿＿＿＿ 法が成立 |
| .6 | ドイツがソ連に侵攻➡ 05 ＿＿＿＿＿ の始まり |
| .8 | アメリカとイギリスの指導者が大西洋上で会談➡ 06 ＿＿＿＿＿ の発表 |

## 第二次世界大戦の開戦

1939.8　ドイツとソ連が 01 ＿＿＿＿＿ 条約を結ぶ。
　　　　　　　　　　　　　　　　　　　┌・エストニア・ラトヴィア・リトアニア。
　　　➡条約の秘密条項として，ポーランドとバルト3国での勢力範囲を取り決めた。

　↓
　　　　　　　　　　　　　　┌・西半分をドイツ，東半分をソ連が占領。
1939.9　ドイツが 02 ＿＿＿＿＿ に侵攻し，分割占領。

　　　➡イギリス・フランスがドイツに宣戦布告し，第二次世界大戦が勃発。

　↓

1939.11　ソ連が 03 ＿＿＿＿＿ に侵攻した（ソ連＝フィンランド戦争〔冬戦争〕）。

　　　➡国際連盟はソ連を追放（除名）。

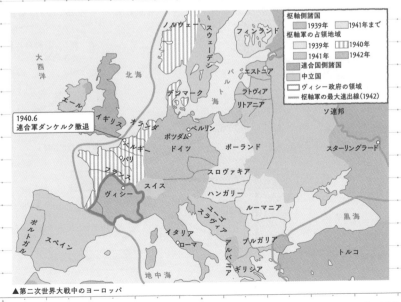

▲第二次世界大戦中のヨーロッパ

THEME 第二次世界大戦と太平洋戦争①

## ドイツ・ソ連の動き

1940.4 　ドイツが中立国のデンマークとノルウェーに侵攻。

　　➡ノルウェーの支援に失敗したイギリスでは，翌月，ネヴィル゠チェンバレンにかわって対独
　　　強硬派の 07 ＿＿＿＿＿＿ が首相となった。

1940.5 　ドイツ，永世中立国のオランダとベルギーを占領。

1940.6 　ドイツがパリを占領し，フランスが降伏。

　　フランス中部にドイツに協力的な 08 ＿＿＿＿＿ 率いるヴィシー政府が成立。

　　➡ロンドンに亡命したフランスの軍人 09 ＿＿＿＿＿ は自由フランス政府を組織して，対ド
　　　イツの抵抗運動（レジスタンス）をよびかけた。

1940.8 　ソ連が 10 ＿＿＿＿＿ を併合した。

### 独ソ戦

1941 年 6 月，ドイツが 01 ＿＿＿＿＿ 条約を破ってソ連に侵攻。➡ 05 ＿＿＿＿＿ が始まった。ドイ
ツ軍は首都モスクワにせまったが，ソ連軍の抵抗を受けて戦局は膠着状態となった。

➡イギリス・アメリカはソ連を支持。➡ファシズム V.S. 反ファシズムの戦争に。

### アメリカの支援

● 04 ＿＿＿＿＿ 法：1941 年 3 月にイギリス支援のため成立。

> 大統領が武器等を
> 提供する権限をもつ。

● 06 ＿＿＿＿＿ ：1941 年 8 月にアメリカとイギリスが発表した，8 項目にわたる共同宣言。
　　　└フランクリン゠ローズヴェルト┘　└チャーチル

> 新たな国際秩序を
> 示す内容。

## 第二次世界大戦の国際関係

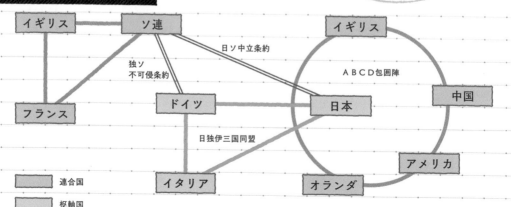

No.

Date

歴史総合
MODERN AND CONTEMPORARY HISTORY

THE LOOSE-LEAF STUDY GUIDE
FOR HIGH SCHOOL STUDENTS

THEME **第二次世界大戦と太平洋戦争②**

## 太平洋戦争の流れ

| 年代 | 日本に関するできごと |
|---|---|
| ☐ 1941.4 | 01 _____ 条約が結ばれる |
| .7 | 日本，フランス領インドシナ連邦南部への進駐（02 _____ ）を行う |
| .12 | 御前会議でアメリカ・イギリスとの開戦を決定 |
| | 日本，マレー半島上陸とハワイの 03 _____ への攻撃➡太平洋戦争（アジア・太平洋戦争）の開戦 |
| ☐ 1942.6 | 日本，04 _____ 海戦でアメリカに敗れる |
| ☐ 1943.2 | 日本，ガダルカナル島から撤退 |
| .11 | 日本，大東亜会議を開催 |
| ☐ 1944.7 | サイパン島が陥落 |

## 日米交渉と開戦

日中戦争に行きづまった日本は，援蔣ルートの遮断を目的として，1940年9月，フランス領インドシナ連邦北部に進軍した。また，同時期に日独伊三国同盟を結んだことで，アメリカとの関係が悪化した。

● 02 _____ ：1941年7月，日本はフランス領インドシナ連邦南部へ進軍。
  ┗東南アジアの石油資源
    の確保が目的。
    ➡アメリカは日本資産の凍結と日本への石油輸出を停止。

現在の
ベトナム南部。

    ➡貿易制限による対日包囲網として 05 _____ を形成。
      ┗A＝アメリカ，B＝イギリス，C＝中国，D＝オランダ。

●日米交渉：日本はアメリカに経済制裁の解除を求めたが，交渉は難航。アメリカが提示した

「06 _____ 」は中国・仏印からの全面撤兵を求めるなど，日本にとって受け入れ難い内容で，交渉は決裂。

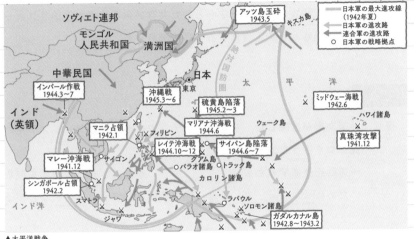

▲太平洋戦争

## THEME 第二次世界大戦と太平洋戦争②

### 太平洋戦争の展開

**1941.12** イギリス領のマレー半島への上陸と，ハワイの 03＿＿＿＿＿（パールハーバー）への奇襲攻撃

を行う。

➡太平洋戦争（アジア・太平洋戦争）の始まり。

**1942.6** 04＿＿＿＿＿ 海戦でアメリカに大敗する。

➡日本の海上・航空戦力は大打撃を受け，太平洋における制海権を失う。

➡戦況が逆転し，劣勢になっていく転機となった。

**1943.2** アメリカの反攻作戦により，日本はガダルカナル島から撤退。

### 日本のアジア支配

┌→中国では「三光作戦」とよばれた。

中国：日本軍による「燼滅作戦」・無人区化政策により，大きな被害を受けた。

● 07＿＿＿＿＿：日本から満洲へ送り込んだ移民。日本の農民に耕地を分配して入植させ

たり，10代半ばの子どもたちから募集した満蒙開拓青少年義勇軍を入植

させたりした。

朝鮮・台湾：日本が大陸や南方に進出する上での拠点となった。

●「皇民化」政策：植民地の人々への同化政策。神社参拝や日本語の使用などの強要や，姓

を日本式に変えさせる 08＿＿＿＿＿ などが行われた。

### 大東亜共栄圏

欧米の植民地支配からアジアを解放し，日本を中心とした共存共栄をめざすというスローガンを

09＿＿＿＿＿ という。侵略戦争を正当化するために唱えられた。

### 戦時下の日本社会

● 10＿＿＿＿＿ 運動：近衛文麿が推進した，ドイツのナチ党やイタリアのファシスト党のような独裁政

党をつくろうとする運動。

┌→指導的組織。

➡運動を促進するため 11＿＿＿＿＿ が組織され，労働者を戦争に協力させる

ために 12＿＿＿＿＿ や，住民組織として 13＿＿＿＿＿ などがつくられた。

└→労働組合を吸収。

● 14＿＿＿＿＿：1941年に小学校を改称。ナチズムの教育制度を模倣した。

No.

Date

歴史総合

MODERN AND CONTEMPORARY HISTORY

THE LOOSE-LEAF STUDY GUIDE
FOR HIGH SCHOOL STUDENTS

THEME **第二次世界大戦と太平洋戦争③**

## 第二次世界大戦の流れ

| 年代 | 大戦中のできごと |
|---|---|
| □ 1943.2 | 独ソの 01 　　　　　　　　　　でソ連が勝利 |
| .9 | イタリアが無条件降伏 |
| .11 | 02 　　　　　会談を開催➡アメリカ・イギリス・中国が参加 |
| □ 1944.6 | 03 　　　　　　上陸作戦が行われる |
| □ 1945.2 | 04 　　　　　会談を開催➡アメリカ・イギリス・ソ連が参加 |
| .3 | 東京大空襲で東京が大きな被害を受ける |
| .5 | ドイツが無条件降伏 |
| .7 | 05 　　　　　会談を開催➡アメリカ・イギリス・ソ連が参加 |
| .8 | 広島・長崎に 06 　　　　　　　が投下される |
| | ソ連が日ソ中立条約を破り日本に宣戦布告 |
| | 日本がポツダム宣言を受諾して無条件降伏 |
| .9 | 日本が降伏文書に調印し，太平洋戦争（アジア・太平洋戦争）が終結 |

**ポツダム宣言**

日本の民主化や戦犯の処罰などの戦後処理方針と，日本の降伏を勧告する宣言。

## イタリア・ドイツの敗戦

英・米がソ連を支援。

**1943.2** 01 　　　　　　　　　　でソ連がドイツに勝利し，独ソ戦で優勢に立つ。

**1943.9** 連合軍が7月に 07 　　　　　　　　　へ上陸し，9月にイタリアが降伏。

**1943.11** 02 　　　　　会談が開かれる。

➡対日戦と戦後処理について話し合われる。

08 　　　　　　会談が開かれる。

➡ 03 　　　　　　　上陸作戦の実行が決定。

**ホロコースト**

ユダヤ人がアウシュヴィッツなどの強制収容所に送られ，数百万人が虐殺された。ドイツ占領下のポーランドなどで行われた。

**1944.6** 連合国軍がフランスの 03 　　　　　　　　に上陸。

.8 フランスのパリが解放される。

➡ヴィシー政府が崩壊し，09 　　　　　　　が政権の座につく。

**1945.2** 04 　　　　　会談が開かれる。

➡秘密協定で①ソ連の対日参戦，②南樺太と千島列島のソ連の領有を合意。

**1945.5** ドイツは無条件降伏。

## 主要な連合国側の会談

| 大西洋上会談<br>(1941.8) | ローズヴェルト(米)・チャーチル(英) | 大西洋憲章を発表し，戦後の平和構想をつくった。 |
|---|---|---|
| 02 _____ 会談<br>(1943.11) | ローズヴェルト(米)・チャーチル(英)・蔣介石(中) | 日本との戦争の方針を決定。 |
| 08 _____ 会談<br>(1943.11〜12) | ローズヴェルト(米)・チャーチル(英)・スターリン(ソ) | ドイツとの戦争の方針を決定。<br>(03 _____ 上陸作戦) |
| 04 _____ 会談<br>(1945.2) | ローズヴェルト(米)・チャーチル(英)・スターリン(ソ) | ドイツの戦後処理，秘密協定としてソ連の対日参戦などを決定。 |
| 05 _____ 会談<br>(1945.7〜8) | トルーマン(米)・チャーチル→アトリー(英)・スターリン(ソ) | ヨーロッパの戦後処理，日本への無条件降伏の勧告（ポツダム宣言）。 |

## 大戦末期の日本社会

国民の生活を切りつめさせ，兵力・労働力として動員した。また，植民地・占領地の人々を強制連行して危険な作業を行わせたり，徴兵したりした。

●配給制・切符制：生活必需品の米や砂糖などを配給制，衣類などを切符制とした。
● 10 _____ ：大学や専門学校の法文系学生を軍に徴集した。
● 11 _____ ：学生・生徒・女性を労働力として徴集した。

## 日本の敗戦

1944 年後半には，サイパン島からアメリカ軍の爆撃機が飛来し，直接日本本土を爆撃（空襲）するようになった。

1945.3　東京の下町に焼夷弾をつかった激しい爆撃（12 _____ ）が行われ，10 万人をこえる市民が犠牲になった。

1945.4　アメリカ軍が沖縄本島に上陸。住民も動員され，多くの犠牲が出た（13 _____ ）。

1945.7　米・英・中からポツダム宣言が出されたが，日本政府はこれを無視。

1945.8　8 月 6 日に広島に，9 日には長崎に 06 _____ が落とされた。また，8 月 8 日にソ連から宣戦布告を受けた。➡日本政府は 8 月 14 日にポツダム宣言を受諾した。
　　　　→ 8 月 15 日に昭和天皇による「玉音放送」がラジオで放送された。

1945.9　降伏文書に調印し，太平洋戦争（アジア・太平洋戦争）が終戦。

No.

Date

歴史総合
MODERN AND CONTEMPORARY HISTORY

THE LOOSE-LEAF STUDY GUIDE
FOR HIGH SCHOOL STUDENTS

THEME **新たな国際秩序**

## 戦後の国際社会の流れ

| 年代 | 戦後のできごと |
| --- | --- |
| ☐ 1941 | 大西洋憲章を発表 |
| ☐ 1944.7 | 連合国 44 カ国により 01＿＿＿＿＿＿＿会議が開かれる |
| .8 | 02＿＿＿＿＿＿＿会議が開かれる |
| ☐ 1945.4 | 03＿＿＿＿＿＿＿会議で国際連合憲章を採択 |
| .10 | 04＿＿＿＿＿＿＿を本部に国際連合が発足 |
| ☐ 1946 | ソ連，第 4 次五カ年計画を始める |
| ☐ 1947 | 05＿＿＿＿＿＿＿（GATT）が結ばれる |

> 国際平和と安全保障，
> 人権の擁護，国際協力
> を目的とした。

## 国際連合の成立

● 大西洋憲章：新たな国際安全保障制度の必要性を提唱。

↓

● 02＿＿＿＿＿＿＿会議：米・英・ソ・中が参加。国際連合憲章の原案を作成。

↓

● 03＿＿＿＿＿＿＿会議：連合国側 50 カ国が参加。国際連合憲章が採択される。

↓

1945 年 10 月に国際連合が設立される。

### 国際連合

連合国 51 カ国で発足した国際平和機構。

- 06＿＿＿＿＿：全加盟国が参加。
- 07＿＿＿＿＿：国際平和の維持を目的
とする。
  - ➡ 常任理事国が 08＿＿＿＿＿ をもつ。
  └● アメリカ・ソ連・イギリス・フランス・中国（中華民国）の 5 カ国。

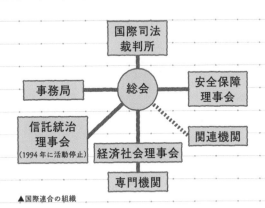

▲国際連合の組織

### 国際通貨体制の確立

従来の金本位制から，アメリカのドルを基軸通貨とする金ドル本位制へ移行。

- 09＿＿＿＿＿：各国の為替相場の安定をはかる。国連の専門機関のひとつ。
- 10＿＿＿＿＿：戦後復興と発展途上国への融資を目的とする。国連の専門機関のひとつ。
- 05＿＿＿＿＿（GATT）：国際的な自由貿易の維持・拡大をめざす。

↓

> ブレトン＝ウッズ国際経済体制

## 国際連盟との比較

| 国際連盟（1920.1 ～ 1946.4） | | 国際連合（1945.10 ～） |
|---|---|---|
| ジュネーヴ | 本部 | 04 |
| 発足時は 42 カ国<br>米は不参加 | 加盟国 | 発足時は 51 カ国<br>米英ソ仏中を含む |
| 全加盟国が参加する総会における，<br>全会一致が原則 | 評決 | 総会は多数決<br>安保理は常任理事国の意見の一致 |
| 金融などの経済的制裁（武力制裁は<br>不可） | 制裁手段 | 経済的，外交的制裁などの非軍事措<br>置，不十分であれば武力制裁も |

戦争を防げなかっ
た国際連盟の反省
にもとづく。

## ヨーロッパの戦後処理

### ドイツ

連合国は，第一次世界大戦後のドイツに対する過酷な戦
後処理がナチ党の台頭につながったと考え，制裁より民
主化を重視した。

▲ドイツの分割管理

● ドイツの分割占領：アメリカ・イギリス・フランス・
　　　　　　　　　　 ソ連の 4 カ国が，分割された占領地
　　　　　　　　　　 域を直接統治。
　　　　　　　　　　 ➡首都ベルリンも 4 区域に分割。
● 11 ＿＿＿＿＿＿＿＿＿＿＿＿＿：ドイツの戦争
　　　　　　　　　　　　　　　　指導者を裁いた。

### イギリス

労働党の 12 ＿＿＿＿＿＿内閣のもとで，社会改革が行われた。
➡社会保障制度をととのえ，13 ＿＿＿＿＿国家をめざした。

### 東ヨーロッパ・ソ連

| 東ヨーロッパ | ：ユーゴスラヴィアの 14 ＿＿＿＿＿＿＿政権など，第二次世界大戦中の抵抗運動にもと
づいた政府が成立。
➡ファシズムへの協力者を処罰するなどの人民民主主義体制がしかれた。

| ソ連 | ：1946 年から第 4 次五カ年計画を始め，工業生産の急速な拡大をめざした。

No.

Date

歴史総合
MODERN AND CONTEMPORARY HISTORY

THE LOOSE-LEAF STUDY GUIDE
FOR HIGH SCHOOL STUDENTS

THEME **冷戦の始まり**

## 冷戦の流れ

| 年代 | 冷戦期のできごと |
|---|---|
| ☐ 1946 | イギリスの 01 _____ による「鉄のカーテン」演説が行われる |
| ☐ 1947.3 | アメリカ,「封じ込め」政策（02 _____）を発表 |
| .6 | アメリカ, ヨーロッパ経済復興援助計画（03 _____）を発表 |
| .9 | ソ連, 国際共産党組織 04 _____（共産党情報局）を設立 |
| ☐ 1948.2 | チェコスロヴァキア゠クーデタがおこる |
| .6 | ソ連が西ベルリンを封鎖 |
|  | コミンフォルムが 05 _____ を除名 |
| ☐ 1949.1 | ソ連, 06 _____（COMECON）を設立 |
| .5 | 07 _____ 共和国（西ドイツ）が成立 |
| .10 | 08 _____ 共和国（東ドイツ）が成立 |

## 二極化するヨーロッパ

| 資本主義・自由主義圏 | （西側陣営）：09 _____ を中心とする勢力。 |
|---|---|

↕ 対立

| 社会主義・共産主義圏 | （東側陣営）：10 _____ を中心とする勢力。 |
|---|---|

● 「鉄のカーテン」演説：イギリスの前首相の 01 _____ は，東西両陣営の境界線を「鉄のカー
テン」と表現し，ソ連が東ヨーロッパで強力な支配を行っていることを非難
した。

凡例
■ 西側陣営
■ 東側陣営
— 鉄のカーテン（1946 年）

▲第二次世界大戦後のヨーロッパ

## 冷戦初期の動き

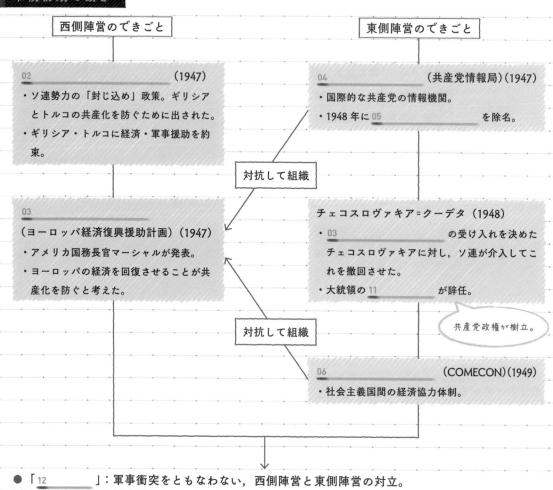

**西側陣営のできごと**

**02 ＿＿＿＿＿（1947）**
・ソ連勢力の「封じ込め」政策。ギリシアとトルコの共産化を防ぐために出された。
・ギリシア・トルコに経済・軍事援助を約束。

**03 ＿＿＿＿＿（ヨーロッパ経済復興援助計画）（1947）**
・アメリカ国務長官マーシャルが発表。
・ヨーロッパの経済を回復させることが共産化を防ぐと考えた。

**東側陣営のできごと**

**04 ＿＿＿＿＿（共産党情報局）（1947）**
・国際的な共産党の情報機関。
・1948年に **05 ＿＿＿＿＿** を除名。

対抗して組織

**チェコスロヴァキア＝クーデタ（1948）**
・**03 ＿＿＿＿＿** の受け入れを決めたチェコスロヴァキアに対し，ソ連が介入してこれを撤回させた。
・大統領の **11 ＿＿＿＿＿** が辞任。

> 共産党政権が樹立。

対抗して組織

**06 ＿＿＿＿＿（COMECON）（1949）**
・社会主義国間の経済協力体制。

● 「 **12 ＿＿＿＿＿** 」：軍事衝突をともなわない，西側陣営と東側陣営の対立。

## ドイツの分断

戦後，アメリカ・イギリス・フランス・ソ連の4カ国に分割占領されていたドイツでは，米英仏とソ連の間で対立が激化した。

> ベルリンは
> ソ連の占領地域内に位置していた。

● **13 ＿＿＿＿＿** ：4カ国に分割管理されていたベルリンで，ソ連が西ベルリンへの交通を遮断。

→西側諸国は，物資を空輸して対応。

1年半後に封鎖解除。東西分裂は決定的に。

・**07 ＿＿＿＿＿** 共和国（西ドイツ）：1949年5月成立。米・英・仏の占領地域。

・**08 ＿＿＿＿＿** 共和国（東ドイツ）：1949年10月成立。ソ連の占領地域。

THEME **戦後のアジア諸地域①**

## アジア諸地域の流れ

| 年代 | 東アジアのできごと |
|---|---|
| □ 1946 | 中国で再び国共内戦が始まる |
| □ 1948 | 朝鮮半島の南側に大韓民国，北側に朝鮮民主主義人民共和国が成立 |
| □ 1949 | 中国共産党が中華人民共和国の成立を宣言 |
|  | 台湾にのがれた国民党の 01 ＿＿＿＿＿＿＿＿＿ が，中華民国政府を維持 |
| □ 1950 | 02 ＿＿＿＿＿＿＿＿＿＿＿＿＿ 条約が結ばれる |
|  | 北朝鮮軍が韓国に侵攻し，03 ＿＿＿＿＿＿＿＿ が始まる |
| □ 1953 | 中国で第１次 04 ＿＿＿＿＿＿＿ が実施される |

## 中華人民共和国の成立

### 国共内戦の再開

日中戦争の末期から，共産党と国民党の衝突がおこるようになった。

戦争が終結すると両党の対立が表面化した。

| 共産党 | ： 05 ＿＿＿＿＿＿ が指導者。土地改革を行って農民の支持を集めた。 |
|---|---|

↕ 対立

| 国民党 | ： 01 ＿＿＿＿＿＿ が指導者。アメリカの支援を受け，当初は優勢だった。 |
|---|---|

1946 年に全面的な国共内戦が始まり，共産党が勝利。

### 中華人民共和国

●中華人民共和国：1949 年に成立。主席は 05 ＿＿＿＿＿＿ 。

　　　　　　　成立当初は**新民主主義**による改革を主張。
　　　　　　　└●資本主義と社会主義の混合的体制。

(写真:Collection J.A. Fox/Magnum Photos/アフロ)

▲中華人民共和国の成立を宣言する毛沢東

　　　　　　→敗れた 01 ＿＿＿＿＿＿ 率いる国民党は，台

　　　湾にわたって**中華民国政府**を維持した。
　　　　　　└●アメリカをはじめとする西側諸国が支持。

● 02 ＿＿＿＿＿＿＿＿ 条約：中国とソ連の安全保障を目的
　　　　　　　　　　　　とした軍事同盟。中国は社会
　　　　　　　　　　　　主義陣営に属する姿勢を示した。

●第１次 04 ＿＿＿＿＿＿＿＿ ：ソ連の援助のもとで進められた，重工業化や農業集団化などによる計画経
　　　　　　　　　　済政策。

## 朝鮮半島の分断

日本の植民地だった朝鮮半島では，戦後，北緯 06 _____ 度線を境界として，北側をソ連が，南側をアメリカが占領することが決定した。

➡当初は統一政府が設立される予定で協議が行われたが，冷戦のため南北で分断。

朝鮮北部：ソ連の援助で朝鮮民主主義人民共和国（北朝鮮）が成立。

➡ 07 _____ が首相（1972 年以降主席となる）

朝鮮南部：アメリカの援助で大韓民国（韓国）が成立。

➡ 08 _____ が大統領。

## 朝鮮戦争

1950 年，朝鮮半島の統一をめざした北朝鮮が，38 度線をこえて韓国に侵攻した（ 03 _____ の開始）。

#### 国連安全保障理事会の対応

・北朝鮮の侵攻を侵略として非難し，アメリカ軍を中心とする 09 _____ を派遣。

➡このとき，ソ連は安全保障理事会をボイコットしていたため，拒否権を行使できなかった。

#### 朝鮮戦争の経過

①北朝鮮軍が侵攻開始。釜山近くまで北朝鮮がせまる。

↓

②国連軍が上陸したことで形勢は逆転。

↓

③中国が人民義勇軍をおくって北朝鮮を支援し，北緯 06 _____ 度線付近で膠着状態に。

④1953 年 7 月に休戦協定が成立したが，緊張状態は継続。

➡北朝鮮では 07 _____ の独裁体制が確立，韓国では 08 _____ が強権的な政治を開始。

| ①1950年6〜9月 | ②1950年9〜10月 |
| 中華人民共和国 朝鮮民主主義人民共和国 ◎平壌 北緯38度 仁川 ソウル 大韓民国 釜山 | ◎平壌 仁川 ソウル 釜山 |
| → 北朝鮮軍 → 国連軍 | → 国連軍・韓国軍 |
| ③1950年10月〜51年1月 | ④1953年7月 |
| ◎平壌 北緯38度 仁川 ソウル 釜山 | ◎平壌 板門店 仁川 ソウル 釜山 |
| → 中国人民義勇軍 | |

▲朝鮮戦争の推移

No.
Date

歴史総合
MODERN AND CONTEMPORARY HISTORY

THE LOOSE-LEAF STUDY GUIDE
FOR HIGH SCHOOL STUDENTS

THEME **戦後のアジア諸地域②**

## 東南アジアの独立

● **フィリピン**：日本軍の撤退後アメリカに再占領されるが，戦前に約束した独立を実現。

● **インドネシア**：1945 年 **01** _____ が独立を宣言。オランダが武力介入するが 1949 年に独立達成。

### イギリスからの独立

● **ビルマ**：**02** _____ が指導。➡社会主義政策を行う。

● **マレー半島**：1957 年マラヤ連邦としてが独立宣言。

　　　　　　マレーシア成立（1963）後，1965 年に **03** _____ が分離独立。

### フランスからの独立

● **ベトナム**：**04** _____ がベトナム独立同盟（ベトミン）を組織して独立運動を主導。

　　　　➡ 1945 年ベトナム民主共和国が独立を宣言。

　　　　➡ 1946 年に独立を認めないフランスと **05** _____ 戦争に発展。

　　　　➡ソ連や中国の支援を受けてベトナム勝利。1954 年にジュネーヴ休戦協定を結ぶ。

　　・アメリカの支援を受けた **06** _____ が，1955 年南部にベトナム共和国を樹立。

● **カンボジア**：国王 **07** _____ のもとで独立を達成。中立政策をとる。

> ベトナムが
> 南北に分裂。

## 南アジアの独立

イギリスの統治のもとで，ヒンドゥー教徒
とムスリムの分断が進んだインドでは，
宗教的対立が激化。

┗ ➡ ガンディーはヒンドゥー教徒とムスリムの融和をめ
　　ざしたが，過激派のヒンドゥー教徒に暗殺された。

1947 年　インド独立法で独立を達成。

● **インド連邦**：初代首相 **10** _____

　↕　　　　ヒンドゥー教徒やシク
　　　　　教徒が中心。

● **パキスタン**：初代総督 **11** _____ 。ムスリムが中心。

　　　　➡ 1971 年に東パキスタンが **09** _____ として独立を達成。

| 年代 | 南アジアのできごと |
|---|---|
| □ 1947 | インド独立法が制定 |
| | ➡インドとパキスタンに分離独立 |
| □ 1948 | **08** _____ が暗殺される |
| | セイロンがイギリスの自治領として独立 |
| □ 1971 | 東パキスタンの独立 |
| | ➡ **09** _____ が成立 |
| □ 1972 | スリランカが成立 |

● **セイロン**：1948 年，イギリスの自治領として独立。➡ 1972 年，スリランカに改称し，完全独立。

　　　　➡シンハラ人が優遇され，タミル人が抑圧されたため，民族的対立が激化。

> 仏教徒　　　　　ヒンドゥー教徒

THEME **戦後のアジア諸地域②**

## 西アジアの独立

●**イラン**：第二次世界大戦中，イギリスとソ連の経済的支配下に。

↓

戦後，イギリスの国策会社が石油産業の利益を独占していることに批判が集まり，

<u>12</u>　　　　　　首相が石油の国有化を実行。

➡国際石油資本（メジャー）が反発してイラン産石油をボイコット。

　　　　└•アングロ=イラニアン石油
　　　　　会社などが有名。

↓

1953 年，<u>13</u>　　　　　　　　がクーデタをおこし，国王として政権をにぎる。国王はアメリカ

と結び，軍事力を強化。　　└•モサッデグ体制を倒すため，イギリス・アメリカが援助。

●<u>14</u>　　　　　　：国連が示したパレスチナ分割案にもとづいて建国されたユダヤ人国家。

| ユダヤ人 | …ヨーロッパで長い間差別・迫害 |

されてきた歴史があり，ユダヤ=
ナショナリズム（シオニズム）の
考え方から，パレスチナにユダヤ
人国家の建設をめざした。

| 年代 | 西アジアのできごと |
|---|---|
| □ 1947 | 国連でパレスチナの分割を決議 |
| □ 1948 | ユダヤ人が<u>14</u>　　　　を建国 |

アラブ諸国が反対し，<u>15</u>　　　　　戦争（第
1 次中東戦争）がおこる。➡イスラエルの勝利。

<u>15</u>　　　　　　戦争（第 1 次
中東戦争）がおこる

## 第二次世界大戦後のアジア

1947　パレスチナ分割案を決議
1948　<u>14</u>　　　　　　の
　　　建国宣言

1971　<u>09</u>　　　　　　成立

イスラエル 1948　　イラン

パキスタン
1947　　インド
1947

初代総督<u>11</u>

初代首相<u>10</u>

セイロン 1948
（→スリランカ 1972）

ビルマ 1948

1957　マラヤ連邦成立

1965　マレーシアから
　　　分離独立

シンガポール
1965

<u>02</u>　　　　　　が独立運動を指導

1945　ベトナム民主共和国
1946　<u>05</u>　　　　　戦争
　　　が始まる
1949　ベトナム国
1955　ベトナム共和国

フィリピン
1946

ベトナム 1976

カンボジア
1953

マレーシア
1963

インドネシア
1945

1945　<u>01</u>　　　　　　が
　　　独立宣言
1949　オランダ，独立を
　　　承認

数字は国の独立した年

No.
歴史総合
MODERN AND CONTEMPORARY HISTORY
Date
THE LOOSE-LEAF STUDY GUIDE
FOR HIGH SCHOOL STUDENTS

THEME **終戦処理と占領の始まり**

## 占領下の日本の流れ

| 年代 | 日本のできごと |
|---|---|
| ☐ 1945.9 | 東京に 01 _____（GHQ／SCAP）が設置される |
| .10 | GHQ は日本政府に対し，治安維持法の廃止などの 02 _____ を指示 |
| .12 | 衆議院議員選挙法が改正され 03 _____ 選挙が実現 |
| ☐ 1946.1 | 昭和天皇による「人間宣言」➡天皇がみずから自身の神格を否定 |
| | GHQ より 04 _____ 令が出される |
| .5 | 連合国により 05 _____ が開かれる |
| ☐ 1948.11 | 東条英機元首相をはじめとする戦犯の判決が確定 |

## 連合国の占領

第二次世界大戦のような惨禍（さんか）をくり返さないために，連合国は日本やドイツに対して，長期の占領のなかで，非軍事化などの体制改革を進めた。日本では，アメリカによる実質的な単独占領が行われた。

● 01 _____（GHQ／SCAP）
・ポツダム宣言にもとづいて設立された。
・GHQ の指示を受けて日本政府が政治を行う間接統治。
> GHQが実行を監視。
・アメリカの 06 _____ が最高司令官。日本の非軍事化・民主化を目的とする。
  └ アメリカ陸軍元帥。

● 02 _____：GHQ が出した，市民的自由の保障。
・共産党員をはじめとする政治犯の即時釈放（しゃくほう）。
・治安維持法や特別高等警察（特高）の廃止。
  └ 思想犯・政治犯を取り締まった。

### 太平洋戦争前の日本の領土

朝鮮半島：北緯38度線を境に，北側をソ連，
　　　　　南側をアメリカが占領。
台湾：中華民国政府が統治（1949～）。
沖縄・小笠原（おがさわら）：07 _____ が占領。
千島列島（ちしま）・南樺太（からふと）：08 _____ が占領。

凡例：
ソ連による占領
アメリカによる占領
年 日本への返還の年

ソ連　樺太　択捉島　国後島　色丹島　歯舞群島
中華人民共和国　朝鮮民主主義人民共和国　大韓民国　竹島　対馬
尖閣諸島　奄美大島　沖縄・琉球諸島 1972年　奄美諸島 1953年　小笠原諸島 1968年　硫黄島 1968年　南鳥島 1968年
台湾（中華民国）　沖ノ鳥島 1968年　太平洋

> GHQ による日本政府を介した間接統治。

▲敗戦時の日本領土に対する連合国軍の占領

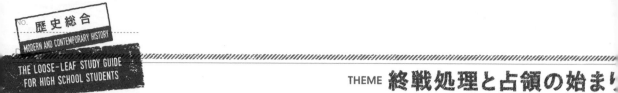

THEME **終戦処理と占領の始まり**

## 五大改革

GHQ は幣原喜重郎内閣に対して，09 _____ を指示し，日本の民主化が進められた。

① 10 _____ の付与。➡選挙資格を満 20 歳以上の男女とした。

② 労働組合の結成奨励。➡労働三法を制定。------------➡

└▶労働者の権利を拡大した。

> **労働三法**
> ・労働組合法
> ・労働関係調整法
> ・労働基準法

③ 教育制度の自由主義的改革。➡教育内容・行政を民主化。-----┐

└▶国家主義の排除。

④ 秘密警察などの廃止：人権指令や公職追放など。

⑤ 経済機構の民主化：財閥解体，農地改革や独占禁止法の制定など。

> **教育の民主化**
> ・教育基本法
> ・学校教育法
> ・教育委員会法

（中学までが義務教育となった。）

## 公職追放

● 04 _____ 令：戦争協力者，職業軍人，極端な国家主義者などを，公職から追放。

➡衆議院議員の 8 割が総選挙に出馬できなくなる事態になった。

## 敗戦後の民衆生活

● 軍人の 11 _____ ・民間人の 12 _____ ：

敗戦後，植民地や占領地から本国に帰還した人々。帰還しても生活基盤のない人々もおり，政府の食料増産の方針にしたがって，山間部などに入植した。

● 買出し：戦後，深刻な食料不足がおこり，都市住民が農村に食料を購入しに出かけた現象。

● 13 _____ ：極端な物資不足から，統制を無視した闇取引が行われた市。

● 14 _____ ：空襲などで身寄りを亡くした子どもたち。

（公定価格の何倍もの値段で食料が売られた。）

政府は，1946 年に 15 _____ を出してインフレを抑制し，産業復興が必要な分野に資金と資材を優先的にくばる傾斜生産方式を採用した。

## 戦争責任の追及

● 05 _____ ：軍や政府の戦争指導者が平和・人道に対する罪などを問われた。

・A 級戦犯（平和に対する罪）：1948 年に 25 名に有罪判決が下された。

・B 級・C 級戦犯（人道に対する罪）：アジア各地で裁判が行われ，起訴された 5700 人のうち 4403 人が有罪となった。

・昭和天皇は，GHQ の指示により不起訴とされ，天皇制は存続した。

No.
Date

歴史総合
MODERN AND CONTEMPORARY HISTORY

THE LOOSE-LEAF STUDY GUIDE
FOR HIGH SCHOOL STUDENTS

THEME **民主化と日本国憲法**

## 日本の民主化の流れ

| 年代 | 日本のできごと |
| --- | --- |
| ☐ 1945.12 | 農村で 01 _____ が始まる |
| | 02 _____ 法が公布され，労働組合と労働運動が認められる |
| ☐ 1946.3 | 日本政府が帝国憲法改正草案要綱を発表 |
| .10 | 03 _____ 法を公布➡農地を安価で小作農に販売 |
| .11 | 日本国憲法を公布（1947 年 5 月 3 日に施行） |
| ☐ 1947.3 | 教育の機会均等などを定めた 04 _____ 法が公布される |
| .4 | 05 _____ 法が公布され，労働条件の基準が定められる |
| | 06 _____ 法が公布される➡財閥の再形成を防ぐ |

## 日本国憲法

● 当初の日本政府案：天皇の統治権を維持するなど，大日本帝国憲法をわずかに修正したもの。

↓

● GHQ の憲法草案をもとに，日本政府が帝国憲法改正草案要綱を発表。

…国民主権の明確化，象徴天皇制，戦争放棄などを盛り込む。

↓

● 日本国憲法：1946 年 11 月 3 日に公布され，翌年 5 月 3 日に施行。

国民主権，戦争放棄，基本的人権の尊重を 3 原則とする。

| 大日本帝国憲法 | | 日本国憲法 |
| --- | --- | --- |
| 天皇（欽定憲法） | 制定者 | 国民（民定憲法） |
| 天皇 | 主権者 | 国民 |
| 天皇の政治の協賛機関 | 国会 | 唯一の立法機関 |
| 貴族院・衆議院 | 議会 | 参議院・衆議院 |

### 民法・刑法の改正

● 民法：1947 年に改正され，旧民法の家族制度が廃止された。

┗戸主制度が廃止され，男女同権の家族制度となった。

● 刑法：皇室に対する不敬罪の廃止。

## 各分野の民主化

### 経済機構の民主化

● 07 _____：日本の軍国主義の基盤と考えられた財閥が解体された。

　➡ 83 社が解体の対象となる持株会社に指定され，うち 28 社のみ解体。

● 08 _____ 法：巨大独占企業を分割する法令。

　　➡ 325 社が対象として指定され，うち 11 社のみ分割。

● 06 _____ 法：財閥の再形成予防のため，持株会社やカルテル，トラストの結成が禁止された。

### 労使関係

● 02 _____ 法：労働組合と労働運動を公認。

● 労働争議の頻発：待遇改善や組織の民主化を求める労働争議が頻発。

> 社会主義革命に
> つながることを恐れた。

　1947 年には公務員による大規模なストライキが計画されたが，GHQ の命令で中止。

　➡ 1948 年に公務員の争議権が否定された。

● 09 _____ 法：労働争議の調整や争議行為の制限などを定めた。

● 05 _____ 法：労働条件の最低基準を設定。

### 農業

● 01 _____：寄生地主の解体と自作農を増やすことで，日本社会を安定させることをめざした政策。03 _____ 法にもとづいて土地を強制的に買い上げて安価で小作農に売り，寄生地主制は解体された。

### 教育

1947 年に 04 _____ 法や学校教育法が制定され，教育内容・教育行政の民主化が進められた。

- ・国定教科書の廃止や社会科の新設
- ・小・中・高・大を 6・3・3・4 制に
- ・PTA や教育委員会制度の導入
- ・小中を義務教育として無償化

### 地方自治

● 10 _____ 法：都道府県知事は住民の直接選挙で選ばれることになった。

HEME **朝鮮戦争と安保条約**

## 朝鮮戦争と安保条約の流れ

| 年代 | 日本に関するできごと |
|---|---|
| ☐ 1948 | 昭和電工事件がおこる➡芦田均(あしだひとし)内閣が総辞職 |
| ☐ 1949.2 | アメリカが銀行家の 01 ＿＿＿＿＿ を日本に派遣 |
| .4 | 1 ドル＝ 02 ＿＿＿＿＿ 円の単一為替(たんいつかわせ)レートが設定される |
| ☐ 1950.6 | 朝鮮半島で朝鮮戦争がおこる |
| .8 | 日本国内の治安維持のため，03 ＿＿＿＿＿ が創設される |
| ☐ 1951.1 | アメリカの特使 04 ＿＿＿＿＿ が来日 |
| .9 | 連合国と日本の間に 05 ＿＿＿＿＿ 条約が結ばれる |
| | 同日に 06 ＿＿＿＿＿ 条約が結ばれる |
| ☐ 1952.4 | 条約や行政協定の発効で，日本が独立を回復 |

## 日本の占領政策の転換

> 保守にも革新にも
> 偏らない政権。

### 中道政権

日本の民主化のため，GHQ が中道政権をのぞむ。

➡ 1947 年に 07 ＿＿＿＿＿ が第一党となって誕生した中道連立内閣（片山哲内閣）の路線が，その

後も継続された。

┌─────────────┐
│ **中道政権の流れ** │：片山哲内閣➡芦田均内閣（昭和電工事件で退陣）➡第 2 次吉田茂(よしだしげる)内閣
└─────────────┘

### 占領政策の転換

東西冷戦が進行するなかで，アメリカは日本を資本主義陣営の同盟国として育てるため，民主化をめざ

す占領政策から，経済復興優先に転換。

● ドッジ=ライン：インフレで不安定だった日本経済を安定化させるための方針。

アメリカの銀行家 01 ＿＿＿＿＿ が立案した。

1 ドル 02 ＿＿＿＿＿ 円の単一為替レートを設定して，輸出を促した。

➡戦後の急激なインフレは抑制されたが，デフレ不況を招いた。

● 08 ＿＿＿＿＿ ：1950 年に，GHQ の指示によって共産主義者を公職から追放した。

↕

一方，1946 年の公職追放を受けた軍人や政治家の追放解除が始まった。

### 朝鮮戦争

1950 年 6 月に朝鮮戦争が勃発すると，アメリカ軍を中心とする国連軍が派遣された。

日本は，アメリカ軍の軍需品の調達先となったことによる 09 _____ 景気でデフレ不況を脱した。
→朝鮮特需ともいう。これにより日本経済は一気に回復した。

● 03 _____ ：朝鮮半島に出動するアメリカ軍のかわりに，日本の治安維持をになう組織として
創設された。

### 日本の独立

#### 平和条約をめぐる動き

1950.9　アメリカ大統領 10 _____ が対日講和の検討を始める。

1951.1　アメリカの特使 04 _____ が派遣され，日本の再
軍備を求めたが，吉田茂首相はこれを拒否。

1951.9　アメリカのサンフランシスコで対日講和会議が開か
れ，吉田茂首相が全権として参加。

保守系の
政党が支持。

日本国内では，西側諸国とだけ講和する 11 _____
論と，ソ連などの東側諸国を含めてすべての国
と講和する

共産党や
学者が
支持。

12 _____ 論とで世論が分かれたが，吉田内閣
は前者の 11 _____ にふみきった。

太平洋戦争前の日本領
サンフランシスコ平和条約
による日本の領域
平和条約後の日本復帰
の地域
年 日本への返還の年

ソ連
樺太

中華人民共和国
択捉島
国後島
色丹島
歯舞群島

朝鮮民主主義
人民共和国

大韓民国
竹島
対馬

尖閣諸島
奄美大島
沖縄
琉球諸島
1972年
奄美群島
1953年
嬬婦岩
小笠原諸島
1968年
硫黄諸島
1968年
南鳥島
1968年

台湾

沖ノ鳥島
1968年
太平洋

▲日本の領土

● 05 _____ 条約：日本と 48 カ国との間で結ばれた講和条約。翌年，日本は独立を
回復した。
→ソ連など 3 カ国は調印せず。

・日本の主権回復　　　　　・植民地の放棄
・沖縄と小笠原諸島に対するアメリカによる統治の容認
・極東国際軍事裁判の判決の受諾と賠償請求権の放棄
・外国軍駐留・駐屯の承認　　・連合国側の賠償請求権の放棄

● 06 _____ 条約：05 _____ 条約と同時に結ばれ，アメリカ軍の日本駐留
を認めた。

● 13 _____ 協定：在日米軍に与えられる特権的な地位を定めた。

No.
Date

歴史総合
MODERN AND CONTEMPORARY HISTORY

THE LOOSE-LEAF STUDY GUIDE
FOR HIGH SCHOOL STUDENTS

## THEME グローバル化への問い（冷戦と国際関係）

### 冷戦の展開

| 年代 | 冷戦下のおもなできごと |
|---|---|
| □ 1945 | 第二次世界大戦が終結 |
| □ 1947 | アメリカがトルーマン＝ドクトリンを発表 |
| □ 1950 | 朝鮮戦争が始まる（〜 1953） |
| □ 1960 頃 | 中ソ対立が表面化 |
| □ 1962 | キューバのミサイル基地建設をめぐってアメリカとソ連が対立（キューバ危機） |
| □ 1965 | アメリカが北ベトナムへの爆撃を開始 |
| □ 1969 | アメリカとソ連，第 1 次戦略兵器制限交渉（SALT I ）を開始（〜 1972） |
| □ 1979 | ソ連のアフガニスタン侵攻（〜 1989） |
| □ 1989 | マルタ会談で冷戦の終結を宣言 |

### アメリカとソ連の対立

第二次世界大戦後，01 _____ を中心とした西側諸国（資本主義国）と，02 _____ を中心とした
東側諸国（社会主義国）が対立した。この二大国を中心とする対立は，直接戦火を交えないことから冷
戦とよばれ，戦後の国際関係に大きな影響を及ぼした。

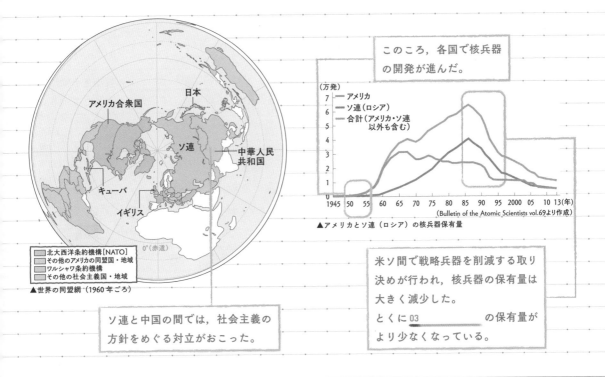

▲世界の同盟網（1960 年ごろ）

北大西洋条約機構［NATO］
その他のアメリカの同盟国・地域
ワルシャワ条約機構
その他の社会主義国・地域

このころ，各国で核兵器
の開発が進んだ。

（万発）
アメリカ
ソ連（ロシア）
合計（アメリカ・ソ連
以外も含む）

1945 50 55 60 65 70 75 80 85 90 95 2000 05 10 13（年）
(Bulletin of the Atomic Scientists vol.69より作成)

▲アメリカとソ連（ロシア）の核兵器保有量

ソ連と中国の間では，社会主義の
方針をめぐる対立がおこった。

米ソ間で戦略兵器を削減する取り
決めが行われ，核兵器の保有量は
大きく減少した。
とくに 03 _____ の保有量が
より少なくなっている。

THEME **グローバル化への問い（資源・エネルギーと地球環境**

## 各国の1次エネルギー構成

日本の1次エネルギー構成をみると，石油が最も高く，石炭，天然ガスの順になっている。次の2つの
グラフから，日本の1次エネルギー構成の推移や特徴を読み取ろう。

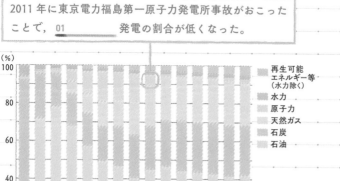

2011年に東京電力福島第一原子力発電所事故がおこった
ことで，**01**　　　　　発電の割合が低くなった。

グラフ中の7カ国のなかで，日本
は，石油・石炭の合計の割合が
**02**　　　　　の次に高い。

| （2019年） | 石炭 | 石油 | 天然ガス | 原子力 | その他 |
|---|---|---|---|---|---|
| 日本 | 石炭 27.8 | 石油38.4 | 天然ガス 22.2 | 原子力4.0 | その他7.6 |
| アメリカ | 12.4 | 35.8 | 33.5 | 9.9 | 8.4 |
| 中国 | 61.1 | 19.1 | 7.3 | 2.7 | 9.8 |
| ロシア | 16.1 | 19.3 | 54.1 | 3.4 | 7.1 |
| ドイツ | 18.3 | 33.9 | 25.7 | 6.6 | 15.5 |
| フランス | 29.3 | 3.0 15.5 | 42.9 | | 9.3 |
| イギリス | 3.4 34.7 | 39.2 | 8.6 | | 14.1 |

凡例：
- 再生可能エネルギー等（水力除く）
- 水力
- 原子力
- 天然ガス
- 石炭
- 石油

▲日本の1次エネルギー国内供給構成の推移
（資源エネルギー庁「平成30年度エネルギーに関する年次報告」より作成）

▲主要国の1次エネルギー供給構成
（『世界国勢図会 2022/23年版』より作成）

## 環境問題

20世紀には科学技術が発達する一方で，環境破壊
による大きな被害がもたらされた。右のグラフの
**03**　　　　　などは温室効果ガスとよばれ，
地球温暖化の原因となっている。

**03**　　　　　　　　の排出量の増加と
ともに，平均気温が上昇している。

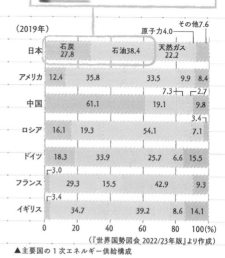

▲世界の平均気温と二酸化炭素排出量の推移
（杉山伸也『グローバル経済史入門』より）

### 対策

●京都議定書：1997年採択。先進国の温室効果ガ
　ス排出の削減義務が定められた。

●パリ協定：2015年採択。参加したすべての国に対して，温室効果ガスの削減目標をつくって取り組
　むことを求めた。

No.

Date.

歴史総合
MODERN AND CONTEMPORARY HISTORY

THE LOOSE-LEAF STUDY GUIDE
FOR HIGH SCHOOL STUDENTS

THEME **集団防衛体制の構築と核開発**

## 集団防衛体制の流れ

| 年代 | 冷戦下のできごと |
|---|---|
| □ 1948 | 南北アメリカ諸国が 01 _____（OAS）を結成 |
| □ 1949 | 02 _____（NATO）が成立 |
| | ソ連，原子爆弾（原爆）の開発に成功 |
| □ 1952 | イギリス，原子爆弾の開発に成功 |
| | アメリカ，03 _____ の開発に成功 |
| □ 1954 | アメリカの水爆実験で，日本の第五福竜丸が被爆 |
| | 04 _____（SEATO）が結成される |
| □ 1955 | ソ連と東欧諸国が 05 _____（東ヨーロッパ相互援助条約）を結成 |
| | 中東における軍事同盟として 06 _____（中東条約機構，METO）が結成される |

## 集団防衛体制の構築

第二次世界大戦後，アメリカを中心とする資本主義陣営（西側陣営）とソ連を中心とする社会主義陣営（東側陣営）は対立を強め，それぞれが集団防衛体制を構築した。
└•武力攻撃に対して，共同で防衛する体制。

## 1940 〜 50 年代の軍事協力体制

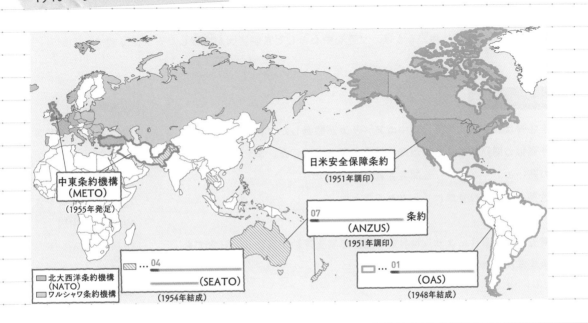

中東条約機構
（METO）
（1955年発足）

日米安全保障条約
（1951年調印）

07 _____ 条約
（ANZUS）
（1951年調印）

04 _____
_____（SEATO）
（1954年結成）

01 _____
_____（OAS）
（1948年結成）

北大西洋条約機構
（NATO）
ワルシャワ条約機構

THEME **集団防衛体制の構築と核開発**

## 資本主義陣営（西側陣営）

● 01 _____（OAS）：1948 年結成。

→南北アメリカの 21 カ国による反共組織。第 9 回パン＝アメリカ会議で成立。
  └→アメリカ主導による南北アメリカの国際会議。

● 02 _____（NATO）：1949 年成立。

→西側諸国の集団安全保障。アメリカを中心とする 12 カ国により発足。

● 04 _____（SEATO）：1954 年結成。1977 年解消。

→中国やベトナムの共産化に対抗して組織された，東南アジアの地域安全保障機構。

● 06 _____（中東条約機構，METO）：1955 年発足。

→トルコ・イラン・イラク・パキスタン・イギリスが結成した安全保障機構。1959 年に中央条約機
  構（CENTO）と改称。1979 年解消。
         └→1959 年に脱退。

●日米安全保障条約：1951 年発効。1960 年改定。

→サンフランシスコ平和条約とともに調印された日本とアメリカの軍事条約。

## 社会主義陣営（東側陣営）

●中ソ友好同盟相互援助条約：1950 年発効。1980 年解消。

→中国とソ連との間の安全保障に関する条約。

● 05 _____（東ヨーロッパ相互援助条約）：1955 年発足。1991 年解消。

→西ドイツの NATO 加盟をうけ，ソ連を中心とした東側諸国が組織した安全保障機構。

## 核兵器の開発

原子爆弾は，第二次世界大戦中にアメリカが開発した。1949 年にソ連が
原子爆弾の開発に成功して以降，核保有国は増加した。また，より破壊
力の高い 03 _____ も開発された。

→世界が核戦争の脅威にさらされることに。

●第五福竜丸事件により，世界的に原水爆禁止運動が高まり，日本でも
  核兵器反対の動きが高まった。

| 核保有国 | |
|---|---|
| 1945 年 | アメリカ |
| 1949 年 | ソ連 |
| 1952 年 | イギリス |
| 1960 年 | フランス |
| 1964 年 | 中国 |
| 1974 年 | インド |
| 1998 年 | パキスタン |
| 2006 年 | 北朝鮮 |
| ― | イスラエル |

No.

歴史総合
MODERN AND CONTEMPORARY HISTORY

Date

THE LOOSE-LEAF STUDY GUIDE
FOR HIGH SCHOOL STUDENTS

THEME **冷戦の推移**

## 冷戦の流れ

| 年代 | ソ連, 東ヨーロッパのできごと |
|---|---|
| ☐ 1953 | 01 _____ が死去 |
| ☐ 1956 | フルシチョフが 01 _____ 批判を行う |
|  | ポーランドの 02 _____ で民衆デモがおこる |
|  | ハンガリーで反ソ暴動がおこる |
| ☐ 1957 | 人類初の人工衛星 03 _____ の打ち上げに成功 |
| ☐ 1961 | 東ドイツによって「04 _____ 」が築かれる |

## 戦後のアメリカ

第二次世界大戦後のアメリカでは，戦争と結びついた分野での技術革新が経済を発展させた。
「ホワイトカラー」の数が「ブルーカラー」の数を上回り，いっそうの大衆消費社会化が進んだ。

● 「軍産複合体」：企業と軍部が一体化して，国家からの発注を受けることで成長した軍需産業の組織
のこと。ロッキード航空会社など。戦後も存在して政治への影響力もあった。
┗ 空軍機や海軍機の製造を受けおった。

● 「05 _____ 」：共産主義を脅威とする世論を受けて，1950 年代に共和党上院議員のマッカーシー
が行った，極端な反共扇動活動のこと。

## 戦後のソ連

戦後のソ連では，工業の復興を優先するスターリンの独裁体制のもと，国民の生活は圧迫された。スター
リンの死後，「雪どけ」とよばれる緊張緩和の時期を迎えた。宇宙開発では，アメリカに先がけて 1957
年に人類初の人工衛星 03 _____ を打ち上げた。

● フルシチョフ：ソ連の共産党第一書記。　　　　　米英仏ソの首脳会談や
　　　　　　　　　　　　　　　　　　　　　　　　訪米を実現。

・資本主義国との 06 _____ を唱える。

・スターリン時代の粛清の事実をあきらかにする 01 _____ 批判を行った。

➡ ポーランドの 02 _____ で民衆デモがおこる。

ハンガリーでは反ソ暴動の結果，首相のナジ＝イムレがワルシャワ条約機構から脱退しようとし
た。
┗ ソ連の介入により鎮圧。

● 「04 _____ 」：東ドイツ政府が西ベルリンを壁で包囲して，西ベルリンへの市民の脱出を
┗ 東西冷戦の象徴　　　　阻止した。
となった。

THEME **西ヨーロッパの経済復興と統合**

## 経済復興の流れ

| 年代 | 西ヨーロッパでのできごと |
|---|---|
| ☐ 1948 | 01＿＿＿＿＿＿＿＿＿（OEEC）が結成される |
| ☐ 1952 | 02＿＿＿＿＿＿＿＿＿（ECSC）が発足 |
| ☐ 1955 | 西ドイツの北大西洋条約機構（NATO）への加盟が実現 |
| ☐ 1958 | 03＿＿＿＿＿＿＿＿＿（EEC）が発足 |
| | 04＿＿＿＿＿＿＿＿＿（EURATOM）が発足 |
| ☐ 1960 | イギリスを中心に 05＿＿＿＿＿＿＿（EFTA）が発足 |
| ☐ 1962 | フランスがアルジェリアの独立を承認 |
| ☐ 1967 | ECSC・EEC・EURATOM の 3 機構が統合され， |
| | 06＿＿＿＿＿＿＿＿＿（EC）が成立 |

## 第二次世界大戦後のヨーロッパ

| イギリス | ：大戦末期，チャーチルの保守党を破って 07＿＿＿＿＿＿＿ 率いる労働党政権が誕生。「ゆり

かごから墓場まで」をスローガンに社会福祉体制を充実させた。

| フランス | ：臨時政府にかわり第四共和政が成立したが，短命な政権が続く。

| イタリア | ：国民投票によって王政が廃止され，共和政に移行した。

| アイルランド（エール） | ：1949 年にイギリス連邦を離脱して，共和政のアイルランドとなる。

| 西ドイツ | ：08＿＿＿＿＿＿＿ のもとで経済復興をなしとげ，NATO 加盟を実現した。
  └ キリスト教民主同盟の指導者。

## ヨーロッパの統合

第一次世界大戦の戦後処理でドイツを孤立させたことがその後のナチ党の躍進につながった反省から，

第二次世界大戦後には，西ドイツもともに経済復興することが重視された。

● 01＿＿＿＿＿＿＿＿＿（OEEC）：マーシャル＝プランの受け皿として，アメリカからの

援助資金を受け入れた。西ヨーロッパの16カ国によっ

て結成され，1961 年に経済協力開発機構（OECD）

に改組された。

No.
歴史総合
MODERN AND CONTEMPORARY HISTORY
Date
THE LOOSE-LEAF STUDY GUIDE
FOR HIGH SCHOOL STUDENTS

THEME **西ヨーロッパの経済復興と統合**

### 統合の進展

ECSC・EEC・EURATOM の 3 機構が統合し，貿易の自由化，共通の政策の実現など，国家をこえた高度な経済統合が進められた。

1952  02 ＿＿＿＿＿＿＿＿＿＿＿＿＿＿＿＿（ECSC）

…フランス外務大臣 09 ＿＿＿＿＿＿＿＿＿ の提案で

発足した，石炭業・鉄鋼業の共同管理を目的

とした組織。

1958  03 ＿＿＿＿＿＿＿＿＿＿＿＿＿（EEC）

…域内の関税の撤廃や，資本・労働力の自由化

を推進するための組織。

04 ＿＿＿＿＿＿＿＿＿＿＿＿

（EURATOM）

…原子力の平和利用を目的とした組織。

1967  06 ＿＿＿＿＿＿＿＿＿＿＿＿＿（EC）

● 05 ＿＿＿＿＿＿＿＿＿＿＿＿＿＿（EFTA）

・イギリス・オーストリア・スイス・ポルトガル・デンマーク・
ノルウェー・スウェーデンの7カ国。

…イギリスを中心に，EEC に加盟していない **7 カ国**が結成。域内で自由貿易を行った。

➡ 1973 年に，イギリスなどが EC へ加盟した（ 10 ＿＿＿＿＿＿＿＿＿ ）。

EC加盟国
■ 1967年　■ 1973年
□ 1981年　■ 1986年
■ 1990年に編入された地域

アイルランド　イギリス　デンマーク
ルクセンブルク　ベルギー　オランダ　ドイツ
フランス
ポルトガル　　　イタリア
スペイン　　　　　　　ギリシア
キプロス

▲ヨーロッパ統合の歩み

### フランス第五共和政

● アルジェリアの独立運動：植民地のアルジェリアでは，フランス政府が独立を認めようとすると，現
地のフランス軍とフランス人入植者（コロン）が結んでクーデタをおこし
て，フランス国内でも対立が強まった。

➡ フランスの第四共和政は崩壊し， 11 ＿＿＿＿＿＿＿＿＿ が政権に復帰した。

● 第五共和政：1958 年に 11 ＿＿＿＿＿＿＿＿＿ が成立させ，翌年には大統領に就任。

・1960 年に原子爆弾（原爆）の開発に成功。

・1962 年にアルジェリアの独立を承認。

・1966 年に NATO の軍事部門から脱退。また，モスクワを訪問し，ソ連との関係改善をはかった。

## 第三世界の台頭

アジア・アフリカ・ラテンアメリカなどの，資本主義陣営にも，社会主義陣営にも属さない非同盟諸国を「第三世界」とよぶ。

●コロンボ会議：1954 年に開催され，アジア・アフリカ諸国による会議の開催が提唱された。

中国首相　　　　　　インド首相

● 01 _____ 首相と 02 _____ 首相の会談：1954 年に開催。**平和五原則**が発表された。

①領土保全と主権の尊重，②不侵略，③内政
不干渉，④平等と互恵，⑤平和共存の５つ。

● 03 _____ 会議：1955 年にインドネシアのバンドンで開催。アジアとアフリカから 29
カ国が参加し，**平和十原則**が採択された。

平和五原則をより具体化した。

●第 1 回 04 _____ 会議：1961 年にユーゴスラヴィアのベオグラードで開催。25 カ国が参
加し，植民地主義の打破などが宣言された。

…ユーゴスラヴィアのティトー大統領らが開催をよびかけた。

南半球に多い。　　　　　　　　　北半球に多い。

経済的に遅れていた第三世界の国々では，欧米などの経済が発展した地域との経済格差が課題となった
（ 05 _____ 問題）。

## 南アジア

カシミール地方の帰属をめぐる対立などがおきた。

●インド=パキスタン戦争（印パ戦争）
　➡ 1・2次はカシミール地方をめぐって，3 次
　はインドが東パキスタンの独立を支援し戦っ
　た。3 次の戦争ではインドが勝利し，東パキ
　スタンが 06 _____ として独立。

●中印国境紛争┌ チベットの民衆が反中国のために蜂起した。
　　　　　　　 └ 鎮圧され，ダライ=ラマ 14 世はインドに亡命した。
　➡ 07 _____ 動乱をめぐってインドと中国
　との関係が悪化し，カシミール地方をめぐっ
　ても紛争が発生。

| 年代 | 南アジアのできごと |
| --- | --- |
| □ 1947 | 第 1 次インド=パキスタン戦争がおこる （〜 1948） |
| □ 1959 | 07 _____ 動乱がおこる |
| □ 1962 | 中印国境紛争がおこる |
| □ 1965 | 第 2 次インド=パキスタン戦争がおこる |
| □ 1971 | 第 3 次インド=パキスタン戦争がおこる |
| ➡ 06 _____ 独立 | |

No.
Date.
歴史総合
MODERN AND CONTEMPORARY HISTORY
THE LOOSE-LEAF STUDY GUIDE
FOR HIGH SCHOOL STUDENTS

**HEME** 第三世界

## アフリカ

━━● エンクルマ（ンクルマ）が指導者。

1950 年代　モロッコ・チュニジア・**ガーナ**な
　　　　　どが独立。

1960 年　17 の独立国が生まれる。
　　　　　「08　　　　　　　　　」とよばれる。

━━● アフリカの 30 カ国の指導者が参加。

1963 年　**アフリカ諸国首脳会議の開催。**
　　　　　➡ 09　　　　　　　　　　（OAU）が結成される。

●コンゴ動乱：コンゴは 1960 年に独立したが，その後も旧
　　　　　宗主国の 10　　　　　　の介入をうけ，内戦
　　　　　が生じた（〜 1965）。

| 年代 | アフリカのできごと |
|---|---|
| ☐ 1960 | 17 の独立国が誕生 |
| | （「08　　　　　　　　　」） |
| ☐ 1963 | 09　　　　　　　　　（OAU）結成 |

▲アフリカ諸国の独立

## 中東

━━● 国王を追放し，農地改革を行った。

● 11　　　　　　：ナギブと**エジプト**革命を指導し，
　　　　　ムハンマド=アリー朝を打倒し
　　　　　た。
　・アスワン=ハイダムを建設。
　・12　　　　　　の国有化を宣言し，英・仏・イ
　スラエルとのスエズ戦争（第 2 次中東戦争）がおこる。3 国は撤退。
● 13　　　　　　：パレスチナ解放機構（PLO）の議長となり，パレスチナ人の解放運動を指導。

| 年代 | 中東のできごと |
|---|---|
| ☐ 1952 | エジプト革命がおこる |
| ☐ 1956 | スエズ戦争がおこる（〜 1957） |
| ☐ 1967 | 第 3 次中東戦争がおこる |
| ☐ 1973 | 第 4 次中東戦争がおこる |

## ラテンアメリカ

● 14　　　　　　条約（リオ協定）
　➡アメリカとラテンアメリカ諸国の集団安全保
　障条約。
● 15　　　　　　会議
　➡アメリカ大陸諸国間の国際会議。米州機構
　（OAS）への改組が合意された。
● 16　　　　　　革命：カストロやゲバラが，親米的なバティスタ政権を倒した。
　➡キューバはアメリカと断交し，社会主義的姿勢をあきらかにして，ソ連と接近した。

| 年代 | ラテンアメリカのできごと |
|---|---|
| ☐ 1946 | ペロンがアルゼンチン大統領に |
| ☐ 1947 | 14　　　　　　条約（リオ協定）が結ばれる |
| ☐ 1948 | 15　　　　　　会議の開催 |
| ☐ 1959 | 16　　　　　　革命がおこる |

THEME **55 年体**

## 55年体制の流れ

| 年代 | 日本のできごと |
|---|---|
| ☐ 1952 | 血のメーデー事件をきっかけに 01＿＿＿＿＿＿＿＿＿＿ が制定される |
| ☐ 1954 | アメリカと 02＿＿＿＿＿＿＿ 協定が結ばれる |
| | 陸・海・空の3隊からなる 03＿＿＿＿＿＿ が発足する |
| ☐ 1955 | 日本民主党と自由党が合流して 04＿＿＿＿＿ 党が成立 |
| ☐ 1956 | ソ連と 05＿＿＿＿＿ 宣言に調印 |
| ☐ 1960 | 06＿＿＿＿＿＿＿ 条約（新安保条約）が結ばれる |
| ☐ 1965 | 韓国との間で 07＿＿＿＿＿ 条約が結ばれる |
| ☐ 1969 | 佐藤栄作首相が訪米してニクソン大統領と会談 |
| ☐ 1972 | 沖縄が日本に返還される（沖縄返還協定〈1971調印〉） |
| ☐ 1972 | 08＿＿＿＿＿ 声明に調印 |

## 55年体制の成立

### 吉田茂内閣

┌→独立回復後，初のメーデーでデモ隊と警察官がはげしく衝突した事件。

● 01＿＿＿＿＿＿＿＿＿ ：1952年の血のメーデー事件をきっかけに，労働運動や
　　社会運動をおさえるために制定された法律。

● 02＿＿＿＿＿ 協定：日本はアメリカからの経済援助とひきかえに，
　　防衛力を強化することを定めた。

● 03＿＿＿＿＿ ： 02＿＿＿＿＿ 協定にもとづき，陸・海・空の3隊を
　　設置。

}「逆コース」と批判される

公職追放が解除され，鳩山一郎，岸信介らが復帰。彼らは自由
党を離党して日本民主党を結成し，組閣。→吉田内閣は退陣。

### 鳩山一郎内閣

改憲，再軍備を唱える。

↓

1955年2月の総選挙後，右派・左派に分かれていた日本
社会党が合同して，改憲阻止に必要な議席を確保。

↓

これに対抗し，日本民主党と自由党が合流して，
04＿＿＿＿＿ 党が結成された。

…その後40年近くにわたって，04＿＿＿＿＿ 党と日本
社会党の二大政党の対立が続いた時代を 09＿＿＿＿＿ 体制という。

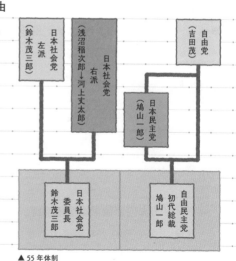

▲ 55年体制

No.

Date

歴史総合
MODERN AND CONTEMPORARY HISTORY

THE LOOSE-LEAF STUDY GUIDE
FOR HIGH SCHOOL STUDENTS

THEME **55 年体制**

## 国際社会への復帰

### 日本の国連加盟

●──国後島・択捉島・歯舞群島・色丹島。

鳩山内閣は，ソ連が占領している北方領土の一括返還を求めるも，ソ連はこれを拒否。

↓

● 05 _____ 宣言：鳩山内閣は領土問題を棚上げすることで，ソ連との国交を回復。

➡ソ連が国連安全保障理事会で加盟賛成に転じ，日本の国連加盟が承認される。

### 日米安全保障条約の改定

●──アメリカ軍への援助と集団的自衛権を前提とする。

経済力が向上した日本に対し，アメリカは相互防衛義務を求めた。

● 06 _____ 条約

➡①アメリカの日本防衛義務を明文化，②在日アメリカ軍の軍事行動に関する事前協議制の導入など

が定められた。

↑

●──社会党，共産党，日本労働組合総評議会（総評）など。

政府が強行採決すると，反対運動が高揚し，革新勢力や学生，多数の一般市民を含むデモ隊が，連日国

会を取り囲んだ（ 10 _____ 闘争）。

### 沖縄返還

ベトナム戦争が泥沼化する中，佐藤栄作内閣はアメリカからの支援の要請に応じる一方で，国内で高ま

るベトナム反戦運動への対応が求められた。

●ニクソン＝ドクトリン：アジア諸国の自助の強化とアメリカの軍事費負担を同盟国に求めた。

●沖縄返還協定：ベトナム反戦の気運が高まる中，沖縄では祖国復帰運動が展開。

佐藤首相は，ニクソン大統領と会談し， 11 _____ や沖縄の日本返還を定める

●──「もたず，つくらず，もち込ませず」。

共同声明を出し，1971 年に沖縄返還協定に調印した。

### 韓国・中国との国交正常化

● 07 _____ 条約：日本の佐藤内閣と韓国の 12 _____ 政権が結んだ条約で，韓国を朝鮮半島唯

一の合法的な政府と認め，国交を正常化した。

➡日本が総額 8 億ドルを支援するかわりに，韓国は賠償請求権を放棄。

● 08 _____ 声明：日本の田中角栄首相と中国の 13 _____ 首相が調印。

➡日本は戦争責任を認め，中華人民共和国が中国唯一の政府であることを承認。

中国は日本に対する賠償請求権を放棄。

## 高度経済成長期の流れ

| 年代 | 日本のできごと |
|---|---|
| ☐ 1955 | 「神武景気」を迎える（〜 1957） |
| ☐ 1958 | 「岩戸景気」を迎える（〜 1961） |
| ☐ 1960 | 01 _____ 内閣が「国民所得倍増計画」を閣議決定 |
| ☐ 1961 | 農業の近代化をめざし 02 _____ 法が制定される |
| ☐ 1964 | 03 _____ が開通 |
| | 東京で第 18 回オリンピック競技大会（04 _____ ）を開催 |
| ☐ 1966 | 「いざなぎ景気」を迎える（〜 1970） |
| ☐ 1967 | 公害対策として 05 _____ 法が制定される |
| ☐ 1970 | 大阪で日本万国博覧会が開催される |
| ☐ 1971 | 06 _____ 庁が発足 |

## 高度経済成長

### 日本経済の復活

日本経済はドッジ゠ラインによってデフレ不況に陥っていたが，朝鮮戦争による 07 _____ 景気で復興
し，1951 年には実質国民総生産（GNP）が戦前の水準に回復した。

➡ 1956 年の『経済白書』に「もはや戦後ではない」と記された。

### 高度経済成長

1955 年から 1973 年までの期間の日本の経済成長を
08 _____ という。

●所得倍増計画

01 _____ 内閣による経済政策。10 年間
で国民総生産の倍増と，完全雇用の実現をめ
ざした。

↓

日本は，年平均約 10％の経済成長率を実現。

1968 年には国民総生産がアメリカに次ぐ資本主義国第 2 位に。

（縦軸：15%／10／5／0）
朝鮮休戦協定 53年7月／全国総合開発計画 60年10月／所得倍増計画 60年12月／戦後初の赤字国債発行 66年1月／第11次石油危機 73年10月／第2次石油危機 79年／五カ国蔵相会議 85年9月

神武景気／岩戸景気／オリンピック／いざなぎ景気／列島改造ブーム／バブル経済

1953 55　60　65　70　75　80　85　90　95　2000年

（経済企画庁『国民所得統計年報』
『国民経済計算年報』）

▲高度経済成長期の経済成長率

### 発展のアピール

● 04 _____ ：東京で開催された第 18 回オリンピック競技大会。

●日本万国博覧会（09 _____ ）：1970 年に大阪で開催された世界的な博覧会。

No.

Date.

歴史総合
MODERN AND CONTEMPORARY HISTORY

THE LOOSE-LEAF STUDY GUIDE
FOR HIGH SCHOOL STUDENTS

THEME **高度経済成長**

## 高度経済成長期の日本経済

### 経済成長のしくみ

鉄鋼・造船・自動車・電気機械などの重化学工業の部門では，大企業が 10 ＿＿＿＿＿＿＿ を積極的に行い，
アメリカの技術革新の成果をとりいれ発展した。

↓

「日本的経営」の確立。➡終身雇用・年功賃金・労使協調が特徴。

### 産業構造の変化

└● 農業・林業・漁業。

高度経済成長を迎えた結果，第1次産業の比重が下がり，
第2次産業・第3次産業の比重が高まった。
└● 工業・建設業など。　　└● 商業・サービス業など。

↓

重化学工業の割合が増して，安価な原油を輸入するように
なり，石炭から石油へのエネルギー転換が進む
11 ＿＿＿＿＿＿ 革命がおこった。

| | 石炭など | 石油など | 天然ガスなど | | |
|---|---|---|---|---|---|
| | 水力 | 原子力 | その他 | | |

| (年度) | | | | |
|---|---|---|---|---|
| 1955 | 48.3 | 16.7 | 27.1 | 7.6 ┌0.4 |
| 1960 | 44.2 | 33.4 | 16.6 | 1.0┐ 4.9┐ |
| 1970 | 21.3 | 69.9 | 6.0 | 1.3┐ 0.4┐ ┌1.1 |
| 1980 | 17.6 | 64.7 | 6.4 | 5.4┐ 4.9┐ ┌1.1 |
| 1990 | 16.9 | 56.0 | 10.5 9.6 | 4.2┐ ┌3.0 |
| 2000 | 18.5 | 49.1 | 13.5 12.6 | 3.3┐ ┌3.0 |
| 2010 | 22.7 | 40.3 | 18.2 11.2 | 3.3┐ ┌4.3 |
| 2020 | 24.6 | 36.4 | 23.8 9.7 | 3.7┐ ┌1.8 |

0　20　40　60　80　100(%)
※1990年度以降からは集計方式が変更されている。
（総務省「一次エネルギー国内供給」，資源エネルギー庁「総合エ
ネルギー統計　時系列表」より作成）

▲エネルギー供給の推移

### 労働環境の改善

●賃金の上昇：総評の指導のもと，各産業の労働組合がいっ
　　　　　　せいに賃上げを要求する「 12 ＿＿＿＿＿ 」方
　　　　　　式の労働運動で，賃金が大幅に上昇。

●02 ＿＿＿＿＿ 法：他産業との生産性や所得の格差を是正することをめざし，農業の近代化と
　　　　　　　　農業構造の改善がはかられた。
　　　　└● 農業の規模拡大。

## 国際競争力の強化

1960年代以降，大幅な貿易黒字を実現した日本は，1964年に経済協力開発機構（OECD）に加盟して，
経済的には先進国と肩をならべた。

●企業の大型合併：1964年に三菱重工業が再合併し，1970年に八幡製鉄と富士製鉄が合併して新日本
　　　　　　　　製鉄が創立された。

（財閥解体で3社に
分かれていた。）

●13 ＿＿＿＿＿ 集団の形成：三井・三菱・住友などの都市銀行が，融資によって系列企業と結びつきを強
　　　　　　　　　　めた。

## 社会の変化

### 生活様式の変化

高度経済成長期には，より豊かな生活を求めて，消費の拡大が進んだ。

● 中流意識：所得水準が向上し，生活に対する意識の均一化が進んだことで，自分は社会の中間層に属
　　　　　　　していると考える国民が増加した。

● 14 _____ 化：夫婦と未婚の子どものみからなる家族の形態。世帯数が増加したことで，消費の拡
　　　　　　　大につながった。

### 消費ブームの到来

● 「15 _____」：電気洗濯機・白黒テレビ・電気冷
　　　　　　　蔵庫。高度経済成長期前半に消費
　　　　　　　が拡大した。

● 「新三種の神器」：1960 年代後半の「いざなぎ景気」の頃
　　　　　　　には，自動車（カー）・カラーテレビ・ルー
　　　　　　　ムエアコン（クーラー）などの高価な
　　　　　　　耐久消費財の消費が活発になった。

3Cとよばれた。

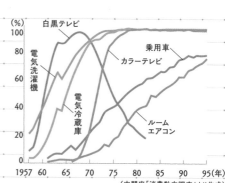

▲耐久消費財普及率の推移
（内閣府「消費動向調査」より作成）

### 交通の拡大

● 16 _____ ：自動車が普及し，交通手段の中心となること。

● 03 _____ ：1964 年に東京・新大阪間の営業が開始された。

## 高度経済成長による社会問題

● 17 _____ 化：農山村・漁村などで高齢化が進み，
　　　　　　　地域社会を維持できなくなる状態。

● 18 _____ 化：大都市への人口集中がおこった状態。
　　　　　　　➡大都市の郊外に ニュータウン が建設
　　　　　　　された。
　　　　　　　└ 大阪府の千里ニュータウン，
　　　　　　　　東京都の多摩ニュータウン
　　　　　　　　など。

● 公害問題：企業活動から生じた汚染物質による大気汚
　　　　　　　染・水質汚濁や騒音などの公害が慢性化した。

公害対策として 1967 年に 05 _____ 法が制定
され，1971 年に 06 _____ 庁が設置された。

### 四大公害

新潟水俣病
（新潟県阿賀
野川流域）

19 _____ 病
（富山県神通川流域）

● 四大公害

20 _____ 病
（熊本県水俣市）

四日市ぜんそく
（三重県四日市市）

No.

Date

歴史総合
MODERN AND CONTEMPORARY HISTORY

THE LOOSE-LEAF STUDY GUIDE
FOR HIGH SCHOOL STUDENTS

# THEME 核軍縮の流れ

## 核軍縮の流れ

| 年代 | 冷戦と核軍縮に関するできごと |
|---|---|
| ☐ 1955 | 科学者 11 名による 01 _____ 宣言が出される |
| ☐ 1962 | キューバ危機がおこる |
| ☐ 1963 | 02 _____ 条約（PTBT）が調印される |
| ☐ 1964 | 中国が原子爆弾の実験に成功 |
| ☐ 1968 | 03 _____ 条約（NPT）が結ばれる |
| ☐ 1969 | 04 _____ が西ドイツの首相に就任 |
| ☐ 1972 | 第 1 次 05 _____ 交渉（SALT I）が調印される |
| | 東ドイツと西ドイツの間で 06 _____ 条約が調印される |
| ☐ 1973 | 東西ドイツが国際連合に加盟 |
| ☐ 1991 | 第 1 次 07 _____ 条約（START I）が調印される |
| ☐ 1996 | 08 _____ 条約（CTBT）が採択される |

## キューバ危機

キューバにおけるソ連のミサイル基地建設をめぐる，アメリカとソ連の間の対立。
核兵器による武力衝突がおこるのではないかという緊張が高まった。

1959 年　キューバに，09 _____ を首相とする革命政権が樹立。
　　　　➡ソ連に接近し，社会主義化が進む。

　　　　アメリカ大統領 10 _____ が，カストロ政権の
　　　　打倒を企てたため，両国の関係は悪化。

　　　　キューバは，アメリカに対抗するため核武装を望
　　　　み，ソ連に支援を要請。➡ミサイル基地建設開始。

(写真:AP/アフロ)

▲キューバとアメリカの位置関係

1962 年　アメリカはキューバを海上封鎖。
　　　　➡武力衝突の寸前で，アメリカとソ連の間で妥協が
　　　　　成立。ソ連はミサイル基地を撤去，アメリカは
　　　　　キューバへの侵攻を断念。
● 11 _____ ：キューバ危機ののちに設置された，
　　　　　米ソ両首脳を直接結ぶ電話回線。

▲ソ連の貨物船を追跡する米軍機

No.
歴史総合
MODERN AND CONTEMPORARY HISTORY

THE LOOSE-LEAF STUDY GUIDE
FOR HIGH SCHOOL STUDENTS

THEME 核軍縮の流れ

## 東方外交

西ドイツでは,アデナウアーの退陣後,首相となった 04 _____ が「東方外交」を唱えて東ヨーロッパ諸国との国交樹立をめざした。

➡東ドイツとの関係改善が進んだ。

● 06 _____ 条約：東ドイツと西ドイツがおたがいを国家として承認。

➡ 1973 年,東西ドイツは国際連合へ同時加盟を果たした。

## 核軍縮

### 核廃絶への動き

● 01 _____ 宣言：世界の科学者が連名で核廃絶と戦争反対を訴えた声明。

●非核兵器地帯条約：核実験や核兵器の製造・使用などを禁止。ラテンアメリカ（1967 年）や南太平洋（1985 年）などが指定された。

### 核兵器の国際的管理

1963 年　アメリカ・イギリス・ソ連の３カ国が, 02 _____ 条約（PTBT）に調印。

➡大気圏や水中での核実験を禁止。地下核実験は認められた。

1968 年　アメリカ・イギリス・ソ連を含む 62 カ国は, 03 _____ 条約（NPT）を結んだ。

➡アメリカ・イギリス・ソ連・フランス・中国以外の国の**核兵器保有**を禁止した。
その後,未加盟のインド・パキスタン・イスラエルなども核保有国となった。

1969 ～ 1972 年　アメリカとソ連は 05 _____ 交渉（SALT I）を行い,大陸間弾道ミサイル（ICBM）の配備の上限を定めた。

1972 ～ 1979 年　05 _____ 交渉（SALT II）が行われたが,ソ連のアフガニスタン侵攻によりアメリカが批准しなかったため,発効せず。

1991 年　アメリカとソ連は 07 _____ 条約（START I）に調印し,核弾頭数などを削減した。

1996 年　08 _____ 条約（CTBT）が国連総会で採択され,地下核実験も禁止されたが,まだ発効していない。

No.

Date

歴史総合
MODERN AND CONTEMPORARY HISTORY

THE LOOSE-LEAF STUDY GUIDE
FOR HIGH SCHOOL STUDENTS

THEME **冷戦構造の変化**

## 中国の混乱と中ソ対立

1950年代から1960年代, 中国は社会主義を急進的に進めた。

| 年代 | 中国のできごと |
|---|---|
| □ 1958 | 中国で「大躍進」が始まる |
| □ 1960年代 | 中国とソ連のあいだで 05＿＿＿＿ 紛争がおこる |
| □ 1966 | 01＿＿＿＿ が「プロレタリア文化大革命（文革）」を発動 |
| □ 1972 | アメリカの 06＿＿＿＿ 大統領, 中国を訪問 |

● 「大躍進」: 01＿＿＿＿ が主導した鉄鋼や農業の増産計画。

> 鉄鋼 : 土法高炉（原始的な溶鉱炉）による大量生産。
> ➡ 粗悪な鉄。

> 農業 : 農民を 02＿＿＿＿ とよばれる集団農場に組織。➡ 低い生産性。

↓

非科学的な政策により, 経済は混乱。数千万人の餓死者を出して失敗に終わる。
➡ 劉少奇や 03＿＿＿＿ などの現実主義的実務派が台頭。
部分的な市場経済政策を行う。

● 「プロレタリア文化大革命（文革）」: 01＿＿＿＿ による自身の権力を取り戻すための政策。伝統的な社会制度や資本主義に対する弾圧運動。

… 04＿＿＿＿ を組織し, 知識人などを攻撃させた。
└ 学生や青年などの若年層が動員された。

↓

劉少奇や 03＿＿＿＿ が失脚。01＿＿＿＿ の死（1976）によって収束した。

### 中ソ対立

フルシチョフ（ソ連）のスターリン批判に対して中国が反発した。中ソ両国の社会主義観の違いが表面化。

● 07＿＿＿＿ 論争 : 1963年におきた中国・ソ連間の公開論争。
➡ 社会主義化の方法などをめぐって対立した。

● 05＿＿＿＿ 紛争 : 1960年代に中国とソ連のあいだで争いがたびたびおこった。1969年にはウスリー川のダマンスキー島で国境をめぐる軍事衝突がおきた。

## 「プラハの春」

● フルシチョフの解任：フルシチョフはスターリン批判をおこない, アメリカとの平和共存外交を展開しようとしたが, 改革のいきすぎを恐れる党内保守派によって, 1964 年に失脚。

● 08 _____ 体制：スターリン批判を弱める。

● 「プラハの春」：1968 年, チェコスロヴァキアでは, 09 _____ が共産党の指導者となり, 国民の支持のもとで民主化運動が進められた。
➡ ソ連が動員したワルシャワ条約機構軍によって鎮圧された。

## ベトナム戦争と公民権運動

| 北部 | ：ベトナム民主共和国（北ベトナム）➡ 10 _____ が指導者。
ソ連と中国が支援。

| 対立 | 南部の南ベトナム解放民族戦線と共闘。

| 南部 | ：ベトナム共和国（南ベトナム）➡ アメリカが支援。
└ 共産主義の拡大に対抗。

（南北ベトナムの統一をめざす組織。）

### アメリカの介入とベトナム戦争の経過

1960 年代前半　アメリカの 11 _____ 大統領, 南ベトナム政権を支持。

1964 年　12 _____ 大統領, トンキン湾事件を口実に介入。
➡ 1965 年に北ベトナムへの空爆（13 _____）を開始。

1973 年　14 _____ 協定が成立し, アメリカ軍撤退。

1975 年　北ベトナム側が南ベトナムに勝利。

1976 年　南北ベトナムが統一され, ベトナム社会主義共和国が成立。

▲ベトナム戦争

### アメリカ国内の反応

● カウンターカルチャー：ヒッピーやロックなどの既存の文化に対する対抗文化。

● 公民権運動：黒人差別を廃することをめざした。15 _____ 牧師らが主導。

No.

Date

歴史総合
MODERN AND CONTEMPORARY HISTORY

THE LOOSE-LEAF STUDY GUIDE
FOR HIGH SCHOOL STUDENTS

THEME **石油危機と世界経済**

## 1970年代の流れ

| 年代 | 世界経済のできごと |
| --- | --- |
| □ 1950 ～ 60 年代 | 各国で公害・環境破壊が深刻化 |
| □ 1971 | アメリカ大統領 01 　　　　　　，ドルと金の交換停止を発表 |
| □ 1972 | 02 　　　　　　　　　が「成長の限界」と題するレポートを発表 |
| □ 1973 | 第4次中東戦争が勃発 |
| | 03 　　　　　　　　　　　　（OAPEC）が石油輸出を停止・制限 |
| | ➡第1次 04 　　　　　　　（オイル＝ショック） |
| □ 1975 | 第1回 05 　　　　（先進国〈主要国〉首脳会議）が開かれる |
| □ 1979 | イランで 06 　　　　　　　革命がおこる➡第2次 04 |

## アメリカ経済の転換

・金ドル本位制をとるアメリカは，第二次世界大戦後の国際通貨体制をささえる。

⬇

・ベトナム戦争で多額の戦費をつかったことで，アメリカの金の保有量が低下。

> ドルの信用
> も低下。

⬇

・1971 年，01 　　　　　大統領は，ドルの防衛のために金ドル本位制の停止を発表（ドル＝ショック）。

### 変動相場制への移行

固定相場制 ：各国間の為替レートを一定にすること。

・1944 年にドルを基軸通貨とすることが定められた。

・・・07 　　　　　　　　　　　体制という。

・日本円とドルの交換比率は1ドル＝ 08 　　　　　円とされた。

変動相場制 ：需要と供給によって為替レートが決定すること。

・戦後の 07 　　　　　　　　　体制は崩壊した。

350
(円ドル)
300

東京市場
月中の平均値

1971.8
ニクソン声明

円安

1985.9
G5プラザ合意

250

200

円高

150

100

0
1967 70　75　80　85　90　95 2000 05　10　15 17年
（『近現代日本経済史要覧』ほか）

▲円の対ドル相場の推移

### 経済成長の弊害

1950 年代～ 60 年代にかけて，各国で大気汚染などの公害や公害病，環境破壊が社会問題化。

┌─ 民間の研究機関。

●「成長の限界」：02 　　　　　　　　　　が 1972 年に発表したレポート。

　　　　　　　経済成長と人口の増加がこのまま続けば，資源がいずれ枯渇するとした。

THEME **石油危機と世界経済**

## 石油危機

### 第1次石油危機（オイル＝ショック）

1973 年 10 月，第 4 次中東戦争が始まる。

➡ 03 _____（OAPEC）は，イス
ラエルを支持する国に石油を売却しない方針をとる。
アメリカ・西ドイツ・日本などは制限措置を受ける。

↓

第 1 次 04 _____（オイル＝ショック）

▲西アジアの OPEC と OAPEC 加盟国

（凡例）
□ OPEC 加盟国（1970 年代）
赤文字 OAPEC 加盟国（1970 年代）
＊ 油田

・石油価格が高騰したため，安価な石油を前提として
　いた西側諸国の経済に打撃となる。

・省エネルギー化やハイテクノロジー化（ハイテク化）が進展。

### 第2石油危機

┌─ ホメイニがパフレヴィー朝を倒し，イスラーム教にもとづいた国家体制を樹立。

1979 年 06 _____ 革命がおこる。

➡ 当時世界第 2 位の石油産出国だったイランで原油生産が中断。

↓

第 2 次 04 _____

### サミット（先進国〈主要国〉首脳会議）

● 05 _____（先進国〈主要国〉首脳会議）：1975 年に第 1 回
を開催。

➡ ドル＝ショックや石油危機による世界経済の混乱への対応を
　話し合った。

価格はドル / バレルで示したもの。
1960〜66 年は OPEC の公定価格，
1967 年以降は通関価格

（ドル / バレル）

▲原油価格の推移

（経済企画庁「経済要覧」）

## 石油危機後の世界

### 西側諸国

戦後の西側諸国は，手厚い社会保障を行う 09 _____ 国家をめざしたが，石油危機後は，自由放任主義
へと転換した。

┌─ イギリスのサッチャー首相，アメリカのレーガン大統領，日本の中曽根康弘首相らが推進。

● 10 _____：規制緩和や民営化によって公共事業を抑制するなど，政府の役割を最小限にしよ
　うとする考え方。

（小さな政府。）

### 東側諸国

原油や天然ガスなどの資源が豊富なソ連や東ヨーロッパ諸国では，旧来の経済構造が維持され，西側諸
国とくらべて効率化がおくれた。

No.
Date.

歴史総合
MODERN AND CONTEMPORARY HISTORY

THE LOOSE-LEAF STUDY GUIDE
FOR HIGH SCHOOL STUDENTS

THEME **アジアの経済発展**

## アジアの開発独裁

● 01 ＿＿＿＿＿：独裁的な政治体制のもとで，経済発展を優先させる政策をとった。
・外国企業を誘致し，低賃金の労働力で生産した工業製品を先進国へ輸出。
・反共産主義の立場をとって，西側諸国からの支援を取りつけた。

## アジアの地域協力

● 02 ＿＿＿＿＿地域（NIES）
…シンガポール・韓国・香港・台湾やアルゼンチン・メキシコなど，1970 ～ 80 年代にかけて経済が
急速に発展した国や地域。なかでも韓国・台湾・香港・シンガポールをアジア NIES という。

● 03 ＿＿＿＿＿（ASEAN）：
…インドネシア・マレーシア・フィリピン・シンガポール・タイの 5 カ国が 1967 年に結成。当初は
反共同盟の目的もあったが，ベトナム戦争後は域内の政治的・経済的協力を掲げた。

## アジア諸地域

| 年代 | アジアのできごと |
|---|---|

### 韓国

1960 年　李承晩大統領が失脚。
（イ スンマン）

↓

1963 年　04 ＿＿＿＿＿が大統領に就任。
　→ 01 ＿＿＿＿＿による強権的な経済
　　発展を進めた。

↓

1965 年　05 ＿＿＿＿＿条約を結び，日本と国
　　交を正常化。

↓

1970 年代　製鉄や造船など重化学工業が発展。

| 年代 | アジアのできごと |
|---|---|
| □ 1958 | タイで軍事クーデタ |
| □ 1961 | 04 ＿＿＿＿＿，軍事クーデタをおこし韓国の大統領に就任（1963） |
| □ 1965 | 韓国との間に 05 ＿＿＿＿＿条約が結ばれる |
| | 06 ＿＿＿＿＿がマレーシアから分離・独立 |
| | スカルノ失脚 |
| □ 1976 | プロレタリア文化大革命（文革）が終了 |
| □ 1978 | 日中平和友好条約が結ばれる |
| □ 1981 | マレーシア，07 ＿＿＿＿＿が首相に就任 |

### 台湾

1950 年代　国民党のもとで，アメリカから資金援助を受けて**輸入代替工業化政策**を進める。
　　┗→ 輸入に依存していた製品を自国で生産できるように
　　　　工業化を進める政策。

↓

1960 年代　蔣介石・蔣経国父子が強権的政治を行い，輸出指向型の工業化をめざす。
（しょうかいせき・しょうけいこく）

## シンガポール・マレーシア

1963年　マラヤ連邦に英領ボルネオとシンガポールをくわえ
　　　　てマレーシアとなる。

1965年　マレーシアから華僑を中心に 06 ⎽⎽⎽⎽⎽⎽⎽⎽⎽ が
┌→中国系住民。
　　　　分離・独立。

　　　　➡シンガポールでは

　　　　08 ⎽⎽⎽⎽⎽⎽⎽⎽⎽⎽⎽⎽ 首相が工業化を推進。

1981年〜　マレーシアで，07 ⎽⎽⎽⎽⎽⎽⎽⎽⎽ 首相が「ルックイースト」政策を推進。

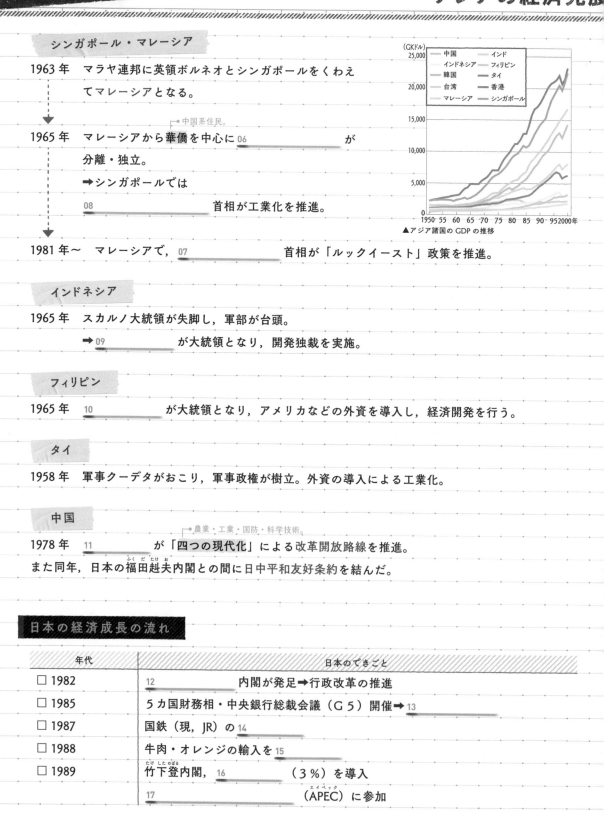

(GKドル)

| | |
|---|---|
| 中国 | インド |
| インドネシア | フィリピン |
| 韓国 | タイ |
| 台湾 | 香港 |
| マレーシア | シンガポール |

▲アジア諸国の GDP の推移

## インドネシア

1965年　スカルノ大統領が失脚し，軍部が台頭。

　　　　➡ 09 ⎽⎽⎽⎽⎽⎽⎽⎽⎽⎽ が大統領となり，開発独裁を実施。

## フィリピン

1965年　10 ⎽⎽⎽⎽⎽⎽⎽⎽ が大統領となり，アメリカなどの外資を導入し，経済開発を行う。

## タイ

1958年　軍事クーデタがおこり，軍事政権が樹立。外資の導入による工業化。

## 中国

　　　　　　　　　　　　　┌→農業・工業・国防・科学技術。
1978年　11 ⎽⎽⎽⎽⎽⎽⎽⎽ が「四つの現代化」による改革開放路線を推進。
また同年，日本の福田赳夫内閣との間に日中平和友好条約を結んだ。

## 日本の経済成長の流れ

| 年代 | 日本のできごと |
|---|---|
| ☐ 1982 | 12 ⎽⎽⎽⎽⎽⎽⎽⎽⎽⎽⎽ 内閣が発足➡行政改革の推進 |
| ☐ 1985 | 5カ国財務相・中央銀行総裁会議（G5）開催➡ 13 ⎽⎽⎽⎽⎽⎽⎽ |
| ☐ 1987 | 国鉄（現，JR）の 14 ⎽⎽⎽⎽⎽⎽⎽ |
| ☐ 1988 | 牛肉・オレンジの輸入を 15 ⎽⎽⎽⎽⎽⎽ |
| ☐ 1989 | 竹下登内閣，16 ⎽⎽⎽⎽⎽⎽（3％）を導入 |
| | 17 ⎽⎽⎽⎽⎽⎽⎽⎽⎽（APEC）に参加 |

No.

歴史総合
MODERN AND CONTEMPORARY HISTORY
Date

THE LOOSE-LEAF STUDY GUIDE
FOR HIGH SCHOOL STUDENTS

## THEME アジアの経済発展

### 日本の経済大国化

#### 石油危機と日本の成長

第1次石油危機によって高度経済成長が終わりを迎え，1974年に戦後初のマイナス成長を記録。日本は省エネルギー（省エネ）型の経営を行って安定成長を維持した。

●減量経営：省エネ化や人員削減を行い，ME（マイクロ=エレクトロニクス）技術をつかった工場やオフィスの自動化（OA化）を推進。
┗→超小型の電子部品や回路をつくり，利用する技術。
┗→オフィス=オートメーション化。

●産業の転換：自動車・電気機械・半導体などのハイテク産業を中心に大幅な貿易黒字となった日本と欧米諸国との間に 18_____ がおこった。

#### 経済大国となる日本

・1980年に世界の国民総生産（GNP）総計に占める日本の割合は約10％に到達。
・開発途上国に対する 19_____（ODA）の供与額が世界最大規模となる。
┗→経済の開発や福祉の向上のために，政府が資金援助を行う。
・1985年には世界最大の債権国となる。
・17_____（APEC）には発足時から参加。
┗→アジア太平洋地域の21の国や地域が参加する経済協力の枠組み。

●市場開放：日本はアメリカから市場開放を迫られ，1988年に牛肉・オレンジの輸入 15_____，1993年にはコメ市場の部分開放を決定。

#### プラザ合意とバブル経済

●13_____：5カ国財務相・中央銀行総裁会議（G5）における，ドル高是正のための協調介入を行うという合意。これによって，ドル高・円安は円高・ドル安に転換し，日本の輸出産業は打撃を受けた。
┗→アメリカ・イギリス・西ドイツ・フランス・日本。

●20_____ 経済：1980年代後半におきた，地価と株価が異常に高騰して膨張した経済。1991年に崩壊して，日本経済は長期にわたる不況に陥った。

### 1980年代の政治

●12_____ 内閣：「戦後政治の総決算」を掲げ，行財政改革を推進。電電公社（現，NTT）・専売公社（現，JT），国鉄（現，JR）を 14_____。

●竹下登内閣：1989年に 16_____（3％）を導入。

## 1970～90年代の流れ

| 年代 | 世界のできごと |
|---|---|
| □ 1979 | 01 _____ 革命がおこる |
| | ソ連が 02 _____ の内紛に軍事介入（～1989） |
| □ 1980 | 03 _____ 戦争がおこる（～1988） |
| □ 1986 | 04 _____ 原子力発電所で爆発事故が発生 |
| □ 1987 | アメリカとソ連が 05 _____ 条約に調印 |
| □ 1989 | 東ヨーロッパで東欧革命がおこる |
| | 東ドイツで「ベルリンの壁」が破壊される |
| | ルーマニアで 06 _____ 大統領が処刑される |
| | アメリカ・ソ連が冷戦の終結を宣言 |
| □ 1990 | 東西ドイツが統一される |
| □ 1991 | 07 _____ 戦争がおこる➡アメリカを中心とする多国籍軍を派遣 |

## 冷戦終結までの展開

### ソ連・東側諸国の動き

● 02 _____ への軍事介入

➡内紛に苦しむ 02 _____ の社会主義政権
を支援するためにソ連が派兵。

▲西アジアの紛争・改革

● ゴルバチョフ政権（1985～1991）

・「新思考外交」：ソ連のゴルバチョフが進めた協調外交。
アメリカとの関係改善をめざす。

・05 _____ 条約：中距離核兵器の廃棄に関する条約。アメリカのレーガン
とゴルバチョフが首脳会談で調印。

・04 _____ 原子力発電所の爆発事故：数百万人が被災。

● 東欧革命（1989）：東ヨーロッパの各国でおこった，社会主義から資本主義への転換。

・ポーランドの自主管理労働組合「08 _____」の躍進：東欧初の非共産党系の政権。

　　　　　　　　　　　　　　　　　　　　　　　　　　　　　　➡ 1990年にワレサが
　　　　　　　　　　　　　　　　　　　　　　　　　　　　　　　大統領就任。

・東ドイツで「ベルリンの壁」が解放され，人々により破壊される。

・ルーマニアで独裁政権を行っていた 06 _____ 大統領が処刑される。

・チェコスロヴァキアで 09 _____ が復権。

「プラハの春」を指導した。

歴史総合

No.

Date

MODERN AND CONTEMPORARY HISTORY

THE LOOSE-LEAF STUDY GUIDE
FOR HIGH SCHOOL STUDENTS

THEME **冷戦の終結と国際情勢**

## アメリカの動き

● 10 〔　　　　　　　〕政権（1981 ~ 1989 年）

・「双子の赤字」：アメリカが抱える財政と貿易の 2 つの赤字のこと。レーガノミクスとよばれる経済
政策をおこなったが，赤字の解消はできなかった。

・戦略防衛構想（SDI）：ソ連が発射した大陸間弾道ミサイル（ICBM）を，宇宙に配備した兵器で迎
撃する計画を打ち出した。

## 冷戦の終結

● 11 〔　　　　　　　〕会談：アメリカのブッシュ（41 代）とソ連の
ゴルバチョフが地中海のマルタ島で会談
し，冷戦の終結を宣言。

（写真:アフロ）

▲冷戦の終結を宣言するブッシュ大統領（左）と
ゴルバチョフ書記長

## 西アジアの動き

→農地改革・国営企業の民営化・女性参政権などの近代化政策。

1960 年代，イランではパフレヴィー 2 世による**白色革命**が進められた。
〔はくしょく〕

➡独裁的な政治に民衆の不満が高まり，反王政運動が高まった。

● 01 〔　　　　　　　〕革命：亡命先から帰国したシーア派のイスラーム法学者 12 〔　　　　　　　〕が，
イラン=イスラーム共和国を樹立。

反米・反ソ。

● 03 〔　　　　　　　〕戦争：イラクで軍事独裁政権を樹立していた 13 〔　　　　　　　〕が，イランの油田
地帯を併合しようとイランへ侵攻した。

➡ 1988 年に停戦。

## 湾岸戦争

石油資源が
豊か。

1990 年　イラクの 13 〔　　　　　　　〕がクウェートに侵攻。

1991 年　アメリカを中心とする多国籍軍が派遣され，イラクからクウェートを解放。

➡ 07 〔　　　　　　　〕戦争とよばれる。

# THEME ソ連・ユーゴスラヴィアの崩壊

## ソ連崩壊の流れ

### ゴルバチョフの改革

● 01 ＿＿＿＿＿＿＿（改革）

→資本主義を部分的に導入することで，経済の活性化をはかった。

● 02 ＿＿＿＿＿＿＿（情報公開）

→言論の自由化。

| 年代 | ソ連のできごと |
|---|---|
| □ 1990 | 03 ＿＿＿＿＿，ソ連大統領に就任 |
| | バルト3国が独立を宣言 |
| □ 1991 | ロシア共和国で 04 ＿＿＿＿ が大統領に当選 |
| | 05 ＿＿＿＿＿（CIS）の結成 |

### ソ連の崩壊

1990年　複数政党制を導入し，03 ＿＿＿＿＿ はソ連大統領に就任。
┌●新設のポスト。

→資本主義の部分的な導入は，従来のソ連の経済を破壊。経済は混乱。

1991年6月　04 ＿＿＿＿＿ がロシア共和国の大統領に当選。
└●1991年に改称してロシア連邦となる。

8月　01 ＿＿＿＿＿ に反対する保守派がクーデタをおこすが失敗。

12月　ロシア・ウクライナ・ベラルーシが 05 ＿＿＿＿＿（CIS）結成に合意。

03 ＿＿＿＿＿ がソ連大統領を辞任。→ソ連が崩壊。

## ユーゴスラヴィアの内戦

ユーゴスラヴィアでは，強い指導力を持っていた

06 ＿＿＿＿＿ の死後，独立をめぐって民族紛争が激化した。

●スロヴェニア・クロアティア

1991年にユーゴスラヴィアから分離・独立。

● 07 ＿＿＿＿＿

この地域の独立をめぐって，居住するセルビア人・クロアティア人・ムスリムが対立。同地域が独立を宣言すると，内戦に発展した。

● 08 ＿＿＿＿＿

この地域の独立をめぐって，セルビア政府とアルバニア系住人とが激しく対立。セルビア勢力によって迫害が行われた。1999年に北大西洋条約機構（NATO）軍がこの地域の空爆を実行し，セルビア勢力を追放した。

▲旧ユーゴスラヴィアの民族分布

No.

Date

歴史総合
MODERN AND CONTEMPORARY HISTORY

THE LOOSE-LEAF STUDY GUIDE
FOR HIGH SCHOOL STUDENTS

HEME **開発途上国の民主化**

## ラテンアメリカ

### アルゼンチン

イギリスとの 01 _____ 戦争に
敗れ，軍事政権が倒れた。
→ フォークランド（マルビナス）
諸島の領有をめぐるイギリス
との戦争。

| 年代 | ラテンアメリカのできごと |
|---|---|
| ☐ 1970 | 02 _____ が社会主義政権樹立 |
| ☐ 1982 | 01 _____ 戦争がおこる |
| ☐ 1985 | ブラジル，民政に移管する |
| ☐ 1999 | ベネズエラで 03 _____ が大統領就任 |

### ブラジル

1964 年以来軍事政権が続いたが，1985 年に民政に移管した。
→ 選挙で選ばれた指導者に政権を移すこと。

### チリ

02 _____ の社会主義政権（1970）➡クーデタによる軍事政権（1973）➡民政移管（1990）。

### ベネズエラ

1999 年，03 _____ が大統領に就任。反米。社会主義政策を実行。

## 東南アジア・インド

### フィリピン

1986 年にマルコス失脚。➡アキノ大統領就任。

| 年代 | 東南アジア・インドのできごと |
|---|---|
| ☐ 1979 | ベトナムで 04 _____ 戦争がおこる |
| ☐ 1986 | ベトナムで「05 _____」政策実施 |
| ☐ 1997 | 06 _____ 危機がおこる |

### インドネシア

1997 年の 06 _____ 危機で翌年スハルト政権が崩壊し，民政移管。
→ アジア各国の通貨が大幅に下落。タイ・インドネシア・韓国は国際通貨基金（IMF）の管理下に入った。

### ベトナム

南北統一後，「05 _____」政策で市場開放に向かい，工業化による経済成長を実現。

### カンボジア

1979 年ポル=ポト政権が崩壊。1993 年 07 _____ が国王となる。
→ 民主カンプチアの指導者。農村への強制
移住に従わない多数の人々を虐殺。

### ビルマ

1989 年，国名をミャンマーに改称。2016 年，08 _____ を事実上の指導者とする
政権が誕生。
→ 2021 年にクーデタにより再び軍事政権になった。
（民主化運動を指導した。）

### インド

1990 年代以降，経済の自由化を推進。近年は情報通信技術（ICT）産業を中心に急速に経済成長している。

## 韓国

独裁体制をしいた朴正熙が 1979 年に暗殺されると，民主化の動きが広がる。

● 光州事件：1980 年におきた，民主化を求める市民と軍隊との武力衝突。

| 韓国 | ：1998 年に 09 _____ が大統領となり，北朝鮮との交流を進める。

| 北朝鮮 | ：金日成から息子の 10 _____ へ，政権が受け継がれた。

➡ 1991 年，国際連合に同時加盟を果たす。

## 台湾

● 11 _____ ：蔣経国の死後の 1988 年に総統となり，台湾の民主化を推進した。

● 12 _____ ：民主進歩党の総統。2000 年の直接選挙で当選し，国民党に属さないはじめての総統
となる。

## 中国

文化大革命後，鄧小平を中心とする共産党指導部
が市場経済化を推進。

| 年代 | 中国のできごと |
|---|---|
| □ 1989 | 13 _____ 事件がおこる |
| □ 1997 | イギリスから 14 _____ が返還される |

・ 15 _____ の解体

・農業生産の請負制

・外資導入

↓

改革開放路線のもとでも共産党の一党独裁体制は維持された。➡民衆の不満が高まる。

● 13 _____ 事件：1989 年に北京の 13 _____ 広場で，民主化を要求する学生・市民らの運動が
行われたが，中国政府は武力で弾圧した。

┌─●アヘン戦争の結果，イギリス領となっていた。

● 14 _____ 返還：99 年の租借期間をへて，1997 年にイギリスから中国に返還された。

➡返還に際して「一国二制度」の方式がとられた。

└─●香港において，従来の資本主義体制を 50 年は維持したまま中国に返還する方式。

## 南アフリカ

第二次世界大戦後，少数の白人による支配を維持するため，人種差別政策がとられた。

● 16 _____ 政策：多数派である黒人を隔離し，結婚や居住を制限。

➡アフリカ民族会議（ANC）の抵抗や国際的な批判を受け，1991 年に差別法を撤廃。

1994 年に ANC の指導者 17 _____ が大統領となる。

No.
Date
歴史総合
MODERN AND CONTEMPORARY HISTORY

THE LOOSE-LEAF STUDY GUIDE
FOR HIGH SCHOOL STUDENTS

THEME **国際社会における日本**

## 冷戦後の日本の流れ

| 年代 | 日本のできごと |
|---|---|
| ☐ 1988 | 01＿＿＿＿＿ 事件がおこる（〜 1989） |
| ☐ 1992 | 02＿＿＿＿＿ 法が成立し，自衛隊の海外派遣が可能となる |
| ☐ 1993 | 非自民 8 党派による連立内閣が成立 ➡ 55 年体制の崩壊 |
| ☐ 1995 | マグニチュード 7.3 の大地震が発生… 03＿＿＿＿＿ |
| | オウム真理教による地下鉄サリン事件がおこる |
| ☐ 1997 | 消費税が 3 ％から 5 ％に引き上げられる |
| ☐ 2001 | 自民党の 04＿＿＿＿＿ が連立内閣を組織 |
| ☐ 2005 | 郵政事業民営化関連法案が成立 |
| ☐ 2008 | リーマン＝ショックがおこる |
| ☐ 2009 | 自民党が衆議院議員総選挙で大敗 ➡ 民主党が第一党となる |
| ☐ 2011 | 3 月 11 日，05＿＿＿＿＿ がおこる |
| ☐ 2012 | 民主党が衆議院議員総選挙で大敗 ➡ 自民党が第一党となる |
| ☐ 2015 | 安全保障関連法が成立 |

## 55 年体制とバブル経済の崩壊

### 55 年体制の崩壊

01＿＿＿＿＿ 事件などを機に，政治と企業の癒着が社会問題となる。

➡ 選挙制度改革などの動きが活発になるなか，1993 年には自民党の衆議院の議席が過半数を割った。

● 06＿＿＿＿＿ 内閣：日本新党の 06＿＿＿＿＿ を首相として非自民 8 党派の連立内閣が成立した。

選挙制度改革を行った。

…55 年体制の崩壊。

> 共産党は
> のぞく。

● 07＿＿＿＿＿ 内閣：06＿＿＿＿＿ 内閣，羽田孜（はたつとむ）内閣が短命に終わったあと，自民党・社会党・新

党さきがけが提携し，社会党の 07＿＿＿＿＿ を首相とする連立政権が誕生。

### バブル経済の崩壊

1990 年代に入ると，株価や地価の下落がはじまり，バブル経済が崩壊した。

➡ 金融機関の経営が悪化し，リストラなどの生活不安から個人消費も落ち込み，長期にわたる不況に陥った（08＿＿＿＿＿ 不況）。

● 欧米からの圧力を受け，市場開放・規制緩和が行われた。

➡ 独占禁止法の改正（1997 年），農産物の輸入自由化の受け入れ（1993 年）など。

THEME **国際社会における日本**

## 日本の国際貢献

● 02 ＿＿＿＿＿ 法：宮沢喜一（みやざわきいち）内閣のもとで成立。国連平和維持活動（PKO）に協力する自衛隊の海外派遣が可能となった。

→カンボジアなどに自衛隊が派遣された。

●日米防衛協力指針（ガイドライン）の改定（1997）：「日本周辺有事」で自衛隊がアメリカ軍の後方支援にあたることが決められた。

●アメリカによるアフガニスタン攻撃（2001），イラク戦争（2003）では，特別措置法を制定し，自衛隊を派遣。

## 政府開発援助（ODA）

● 09 ＿＿＿＿＿：1992年に閣議決定した，日本のODA運用における基本原則。

## 1990年代の出来事

● 03 ＿＿＿＿＿：阪神・淡路地域でおきたマグニチュード7.3の大地震とそれにともなう災害。死者は6400人をこえ，大きな被害が生じた。

●地下鉄サリン事件：新興宗教団体オウム真理教による，化学兵器を使用した無差別テロ。

## 2000年代以降の内閣

| 04 ＿＿＿＿＿ ①②③ （自） | 2001.4 ～ 2006.9 | 「聖域なき構造改革」を掲げ，郵政民営化を実現した。一方で，福祉政策などの後退を招き，所得格差・地域格差が拡大。 |
| --- | --- | --- |
| 10 ＿＿＿＿＿ ①（自） | 2006.9 ～ 2007.9 | |
| 福田康夫（ふくだやすお）（自） | 2007.9 ～ 2008.9 | リーマン＝ショックがおこる。 |
| 麻生太郎（あそうたろう）（自） | 2008.9 ～ 2009.9 | |
| 11 ＿＿＿＿＿ （民） | 2009.9 ～ 2010.6 | 2009年の総選挙で民主党が第1党となる。普天間（ふてんま）基地移設問題などで国民の信頼を失って退陣。 |
| 菅直人（かんなおと）（民） | 2010.6 ～ 2011.9 | 05 ＿＿＿＿＿ にともなう東京電力福島第一原子力発電所事故に対応。 |
| 野田佳彦（のだよしひこ）（民） | 2011.9 ～ 2012.12 | 2012年の総選挙で大敗。 |
| 10 ＿＿＿＿＿ ②（自） | 2012.12 ～ 2020.9 | 憲法改正を訴える。集団的自衛権の行使を可能とする安全保障関連法を成立させた。 |

No.

Date

歴史総合
MODERN AND CONTEMPORARY HISTORY

THE LOOSE-LEAF STUDY GUIDE
FOR HIGH SCHOOL STUDENTS

# THEME 地域紛争と世界経済

## 地域紛争の流れ

| 年代 | 世界の地域紛争とその関連のできごと |
| --- | --- |
| ☐ 1990 | アフリカで 01 _____ 内戦がおこる（～ 1994） |
| ☐ 1991 | ソマリア内戦が本格化 |
| | 東欧で 02 _____ 内戦がおこる（～ 1995） |
| ☐ 1994 | ロシアからの独立をめぐり，03 _____ 紛争がおこる |
| ☐ 1996 | コソヴォ問題がおこる（1999 年に，NATO 軍がセルビアを空爆） |
| ☐ 2001 | アメリカで 04 _____ 事件がおこる |
| ☐ 2002 | イスラエル，パレスチナ自治区を攻撃➡分離壁を建設 |
| | 05 _____，インドネシアから分離・独立 |
| ☐ 2003 | アメリカ，イラク戦争を始める |
| ☐ 2010 | チュニジアで民主化運動がおこる➡アラブ諸国に波及（「06 _____」） |

冷戦がおわり，「世界の一体化」が進む一方で，各地で紛争・対立がみられるようになった。

● 「06 _____」：2010 年末，チュニジアでの民衆の抗議デモが独裁政権を倒す動きに発展した。
この流れは，ほかのアラブ諸国にも広がり，エジプト・リビア・イエメンな
どで旧政権が倒れた。シリアにも波及したが，内戦に発展した。IS（イスラ
ム国）を自称する過激派組織も活動した。

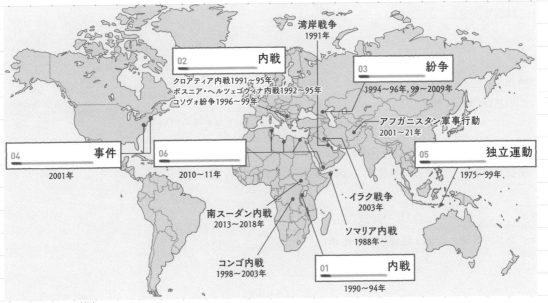

▲冷戦終結後の主な地域紛争

## 地域統合の流れ

| 年代 | 世界の地域統合に関するできごと |
|---|---|
| ☐ 1989 | アジア太平洋経済協力（APEC）が発足する |
| ☐ 1991 | ワルシャワ条約機構が解消される |
| ☐ 1993 | マーストリヒト条約が発効し，07 ＿＿＿＿＿＿（EU）が発足 |
| ☐ 1994 | アメリカ・カナダ・メキシコのあいだで 08 ＿＿＿＿＿＿ が発効する |
| ☐ 1995 | 09 ＿＿＿＿＿＿（WTO）が発足 |
| ☐ 1999 | EU の域内通貨として 10 ＿＿＿＿＿＿ の使用を開始 |
| ☐ 2002 | 11 ＿＿＿＿＿＿（AU）が発足 |
| ☐ 2020 | イギリスが EU を離脱（ブレグジット） |
| | 08 ＿＿＿＿＿＿ にかわるアメリカ＝メキシコ＝カナダ協定（USMCA）が発効 |

## さまざまな地域統合

● 07 ＿＿＿＿＿＿（1993）

・共通通貨の導入などをうたい，ヨーロッパ共同体
（EC）から発展して成立。

・2002 年に 10 ＿＿＿＿ の流通開始。

➡イギリスは国民投票（2016）の結果，EU からの
離脱を決定し，2020 年に正式に離脱。

● 08 ＿＿＿＿＿＿（1994）

➡ 2020 年，アメリカ＝メキシコ＝カナダ協定
（USMCA）に発展した。

● 09 ＿＿＿＿＿＿（WTO，1995）

関税及び貿易に関する一般協定（GATT）にかえて，1995 年に発足。

● 11 ＿＿＿＿＿＿（AU，2002）

アフリカ大陸の政治・経済統合をめざす。

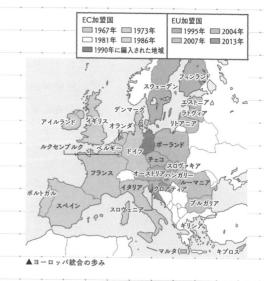

| EC加盟国 | | EU加盟国 | |
|---|---|---|---|
| 1967年 | 1973年 | 1995年 | 2004年 |
| 1981年 | 1986年 | 2007年 | 2013年 |
| 1990年に編入された地域 | | | |

▲ヨーロッパ統合の歩み

No.

Date

歴史総合
MODERN AND CONTEMPORARY HISTORY

THE LOOSE-LEAF STUDY GUIDE
FOR HIGH SCHOOL STUDENTS

THEME **現代世界の課題**

## 現代世界の諸課題

| 年代 | 世界のできごと |
|---|---|
| ☐ 1997 | COP 3 で 01 _____ 議定書が採択される |
| ☐ 2008 | リーマン＝ブラザーズが巨額の負債で経営破綻（02 _____ ） |
| ☐ 2009 | ギリシア国債が暴落し，03 _____ 危機がおこる |
| ☐ 2011 | 国際連合人権理事会が「人権，性的指向，性別自認に関する決議」を採択 |
| ☐ 2015 | 国連サミットで「持続可能な開発目標（04 _____ ）」を採択 |
| | COP 21 で 05 _____ 協定が採択される |

### グローバル化がもたらす問題

● 02 _____ ：アメリカの大手融資銀行リーマン＝ブラザーズが，サブプライム＝ローンで巨額の損失を出して破綻したことをきっかけに，金融危機が世界中に拡大し，世界同時不況となった。

● 03 _____ 危機：2009 年にギリシアで巨額の財政赤字が表面化し，ユーロ安となったことで，ヨーロッパ全体に経済不安が広がった。

### 排外主義

2014 年以降，中東やアフリカからヨーロッパに流入する難民が急増。

➡EU 各国で 06 _____ 主義が高まる。難民・移民の受け入れに積極的なドイツでも，ナショナリズムを掲げる政党が現れた。

アメリカでは 07 _____ が「アメリカ＝ファースト」を掲げて 2017 年に大統領に就任。

### 人権問題

男女間の不平等は長年続く課題である。さらに LGBT などの性的マイノリティの人々に対する人権侵害の解消も課題となっている。

### 環境問題

● 01 _____ 議定書：1997 年に採択された，先進国に対して，温室効果ガスの排出削減目標を定めた議定書。

● 05 _____ 協定：2015 年に採択された，開発途上国を含むすべての国が温室効果ガスの排出削減に向けて努力するように定めた協定。

● 04 _____ ：2015 年に国連サミットで採択された，よりよい世界を実現するため 2030 年までに達成するべき「持続可能な開発目標」のこと。

## 現代日本の諸課題

| 年代 | 日本のできごと |
|---|---|
| □ 1995 | 高速増殖炉「もんじゅ」の事故がおこる |
| □ 2011 | 東日本大震災にともない 08 ＿＿＿＿＿＿＿＿ 事故がおこる |
| □ 2015 | 日米防衛協力のための指針（09 ＿＿＿＿＿）を改定 |
| □ 2016 | 熊本地震がおこる |
| □ 2018 | 西日本豪雨がおこる |

### 人口問題

少子高齢化が進む日本では，2050 年頃には人口が 1 億人を割ると考えられており，人口減少社会に対応する取り組みが求められている。

### 原子力発電

資源が不足する日本では，1974 年の電源三法の公布以後，原子力発電の普及が進められてきた。

### 安全性への懸念

1995 年　高速増殖炉「もんじゅ」の事故

1999 年　東海村の臨界事故

2011 年　08 ＿＿＿＿＿＿＿ 事故

↓

エネルギーの安全性向上，安定的な供給が課題。➡再生エネルギーの開発を促進。

### 自然災害

毎年，地震や異常気象による災害が起こっている。

災害に対する臨機応変な対応が求められている。

➡熊本地震（2016）・北海道胆振東部地震（2018）・西日本豪雨（2018）など。

### 安全保障

日本の安全保障は，日米関係の強化のなかで進められてきた。

●安全保障関連法：2015 年に強行採決により成立。集団的自衛権を行使できるとする内容を含む。

➡この法律にもとづいて，日米防衛協力のための指針（09 ＿＿＿＿＿）が改定された。

総人口1億2,550万人
（歳）男性総数6,102万人　女性総数6,448万人
老年人口 25.8%　31.8%
生産年齢人口 61.8%　57.0%
年少人口 12.4%　11.2%
500 400 300 200 100 0 100 200 300 400 500
（令和3年10月1日現在）　（万人）
（総務省資料）
▲日本の人口ピラミッド

**P.013 近代化への問い（産業と人口）**

01 アメリカ　　02 繊維

**P.014 近代化への問い（移民）**

01 アイルランド　　02 アメリカ（合衆国）

**P.015-016 アジアの諸帝国と海域世界**

01 明　　02 鄭和　　03 清　　04 マラッカ（ムラカ）　　05 朝貢　　06 倭寇　　07 永楽帝

08 中継　　09 ムガル　　10 イスラーム　　11 オスマン　　12 サファヴィー　　13 カースト

14 アクバル　　15 クルアーン（コーラン）　　16 スレイマン1世　　17 シーア

18 イスファハーン

**P.017-018 清の支配と東アジアの貿易**

01 ヌルハチ　　02 康熙　　03 雍正　　04 乾隆　　05 ネルチンスク　　06 キャフタ　　07 広州

08 科挙　　09 辮髪　　10 シノワズリ　　11 中継　　12 薩摩　　13 松前　　14 シャクシャイン

15 場所請負

**P.019 幕藩体制下の日本と対外政策**

01 徳川家康　　02 武家　　03 禁中並公家　　04 幕藩　　05 参勤交代　　06 三都　　07 対馬

08 島津　　09 朝鮮通信使（通信使）　　10 慶賀使　　11 謝恩使

**P.020 ヨーロッパの主権国家体制の成立**

01 イタリア　　02 宗教　　03 三十年　　04 ウェストファリア　　05 絶対　　06 重商主義

07 ルイ14世　　08 議会

**P.021-022 ヨーロッパの海外進出と市民社会**

01 イギリス　　02 オランダ　　03 フランス　　04 大西洋三角　　05 プラッシー

06 モノカルチャー　　07 ホッブズ　　08 ロック　　09 ヴォルテール　　10 モンテスキュー

11 ルソー　　12 啓蒙

**P.023-024 イギリス産業革命**

01 産業　　02 動力　　03 ラダイト　　04 鉄道　　05 囲い込み　　06 農業　　07 ジョン＝ケイ

08 アークライト　　09 クロンプトン　　10 スティーヴンソン　　11 交通　　12 世界の工場

13 労働者　　14 アメリカ合衆国　　15 日本

**P.025-026 アメリカ独立革命**

01 フレンチ＝インディアン　　02 印紙　　03 茶　　04 ボストン茶会　　05 独立宣言　　06 パリ

07 プランテーション（大農園，大農場制度）　　08 ワシントン　　09 トマス＝ペイン

10 トマス＝ジェファソン　　11 三権分立　　12 連邦

P.027-028　フランス革命とナポレオン

01 三部会　　02 バスティーユ　　03 人権宣言　　04 第一共和　　05 旧体制　　06 オーストリア

07 ジャコバン　　08 ブリュメール18日　　09 第一帝　　10 大陸封鎖　　11 解放

12 ワーテルロー

P.029-030　ウィーン体制の成立

01 ウィーン　　02 神聖　　03 四国　　04 ギリシア　　05 七月　　06 二月　　07 三月

08 メッテルニヒ　　09 正統　　10 勢力均衡　　11 ドイツ連邦　　12 ナショナリズム

P.031-032　19世紀のイギリスとフランス

01 穀物　　02 共産党　　03 万国博覧会　　04 ヴィクトリア　　05 チャーティスト　　06 都市

07 農村　　08 プロイセン=フランス（普仏）　　09 パリ=コミューン　　10 共和国　　11 二月

12 ナポレオン3世

P.033-034　19世紀のイタリアとドイツ

01 青年イタリア　　02 ガリバルディ　　03 ヴェネツィア　　04 教皇

05 ヴィットーリオ=エマヌエーレ2世　　06 カヴール　　07 未回収　　08 フランクフルト

09 プロイセン=オーストリア（普墺）　　10 プロイセン=フランス（普仏）　　11 ベルリン

12 三国　　13 鉄血　　14 ヴィルヘルム1世　　15 文化

P.035　19世紀のロシア

01 クリミア　　02 パリ　　03 農奴解放　　04 ロシア=トルコ（露土）　　05 サン=ステファノ

06 ベルリン　　07 アレクサンドル2世　　08 東方　　09 ナロードニキ

P.036　19世紀の文化と科学

01 マルクス　　02 ヘーゲル　　03 ランケ　　04 レントゲン　　05 パストゥール　　06 コッホ

07 ダーウィン　　08 第1インターナショナル　　09 デュナン

P.037-038　19世紀の南北アメリカ

01 ボリバル　　02 モンロー　　03 ゴールドラッシュ　　04 リンカン　　05 大陸横断

06 トゥサン=ルヴェルチュール　　07 ルイジアナ　　08 テキサス　　09 カリフォルニア

10 保護　　11 自由　　12 奴隷解放

P.039-040　西アジアの変化

01 東方　　02 ムハンマド=アリー　　03 スエズ　　04 タンジマート　　05 ミドハト

06 ギュルハネ　　07 アブデュルハミト2世　　08 ワッハーブ　　09 サウード

10 タバコ=ボイコット

P.041-042　南アジア・東南アジアの植民地化

01 プラッシー　　02 シパーヒー　　03 ヴィクトリア　　04 インド　　05 フランス

06 阮福暎　　07 海峡　　08 マニラ　　09 黒旗軍　　10 清仏　　11 フランス領インドシナ

12 マレー　　13 強制栽培　　14 天津

# 解答

**P.043-044 アヘン戦争**

01 アヘン　　02 南京　　03 洪秀全　　04 アロー　　05 北京　　06 洋務　　07 三角

08 林則徐　　09 香港　　10 キリスト教　　11 アイグン　　12 滅満興漢　　13 郷勇　　14 中体西用

**P.045 外国船の接近と日本の対応**

01 ラクスマン　　02 レザノフ　　03 異国船打払令　　04 蛮社の獄　　05 薪水給与

**P.046 日本の開国**

01 ペリー　　02 日米和親　　03 ハリス　　04 安政の五カ国　　05 阿部正弘　　06 最恵国待遇

07 領事裁判権　　08 関税自主権

**P.047-048 幕末の政局と混乱**

01 安政の大獄　　02 桜田門外の変　　03 薩英　　04 四国艦隊下関砲撃　　05 薩長

06 大政奉還　　07 王政復古　　08 高杉晋作　　09 坂本龍馬　　10 ええじゃないか

11 公議政体　　12 山内豊信（容堂）　　13 岩倉具視

**P.049-050 新政府の成立**

01 五箇条の誓文　　02 五榜の掲示　　03 政体書　　04 会津　　05 版籍奉還　　06 廃藩置県

07 地租改正　　08 奥羽越列藩　　09 知藩事　　10 秩禄　　11 華族　　12 士族　　13 平民

14 2.5

**P.051-052 富国強兵と文明開化**

01 新貨　　02 学制　　03 鉄道　　04 富岡製糸　　05 国立銀行　　06 徴兵　　07 明六

08 徴兵告諭　　09 お雇い外国人　　10 開拓使　　11 前島密　　12 太陽　　13 キリスト

14 6

**P.053-054 明治初期の外交と領土の画定**

01 北海道　　02 日清修好　　03 征韓論　　04 台湾　　05 樺太・千島交換　　06 日朝修好

07 琉球　　08 甲申　　09 尖閣諸島　　10 竹島　　11 岩倉具視　　12 金玉均　　13 天津

14 アイヌ

**P.055-056 自由民権運動**

01 民撰議院設立の建白書　　02 佐賀の乱　　03 立志社　　04 愛国社　　05 西南戦争

06 開拓使官有物払下げ　　07 自由　　08 立憲改進　　09 秩禄処分　　10 漸次立憲政体樹立

11 集会　　12 松方デフレ

**P.057-058 立憲体制の成立**

01 私擬　　02 華族令　　03 内閣　　04 大日本帝国　　05 選挙干渉　　06 ロエスレル

07 枢密院　　08 貴族　　09 欽定　　10 衆議　　11 民党　　12 ボアソナード

P.059 **条約改正**

01 鹿鳴館　02 脱亜論　03 ノルマントン号　04 大津　05 領事裁判権（治外法権）

06 関税自主権　07 陸奥宗光　08 小村寿太郎

P.060 **日清戦争**

01 甲午農民　02 日清　03 下関　04 三国干渉　05 隈板　06 大隈重信

07 軍部大臣現役武官制　08 立憲政友会

P.061-062 **日本の産業革命**

01 日本鉄道　02 大阪紡績　03 企業勃興　04 金　05 八幡製鉄所　06 鉄道国有

07 日本銀行　08 豊田佐吉　09 座繰　10 器械　11 政商　12 三井　13 三菱

P.063-064 **社会問題と教育の普及**

01 足尾（銅山）鉱毒　02 労働組合期成会　03 社会民主党　04 戊申詔書　05 地方改良

06 大逆　07 工場法　08 田中正造　09 学制　10 学校令

11 教育に関する勅語（教育勅語）　12 国定教科書　13 福沢諭吉　14 大隈重信

P.065-066 **第 2 次産業革命と帝国主義**

01 重化学　02 帝国　03 労働　04 アイルランド　05 ドレフュス　06 ヴィルヘルム 2 世

07 ドイツ社会民主　08 ベルンシュタイン　09 シベリア　10 1905年（第 1 次ロシア）

11 ニコライ 2 世　12 アメリカ=スペイン（米西）　13 セオドア=ローズヴェルト　14 パナマ

P.067-068 **列強の世界分割**

01 ベルリン（=コンゴ）　02 ファショダ　03 南アフリカ　04 英仏　05 リベリア

06 縦断　07 3C　08 横断　09 キューバ　10 ハワイ　11 メキシコ　12 三国同盟

13 三国協商　14 日英

P.069-070 **日露戦争と韓国併合**

01 戊戌の変法　02 北京議定書　03 日英　04 ポーツマス　05 義兵運動

06 伊藤博文　07 ドイツ　08 ロシア　09 イギリス　10 フランス　11 日本

12 扶清滅洋　13 日本海海戦　14 樺太（サハリン）　15 統監府　16 朝鮮総督府

P.071-072 **辛亥革命とアジアの独立運動**

01 光緒　02 孫文　03 辛亥　04 袁世凱　05 科挙　06 憲法大綱　07 三民

08 宣統帝（溥儀）　09 インド国民　10 ベンガル分割令　11 イスラーム

12 全インド=ムスリム　13 ドンズー（東遊）　14 ホセ=リサール　15 アギナルド

16 立憲　17 青年トルコ

P.073　国際秩序の変化や大衆化への問い（アメリカ合衆国とソ連の台頭）

01 アメリカ　　02 ソ連（ロシア）

P.074　国際秩序の変化や大衆化への問い（植民地の独立）

01 植民地　　02 第二次世界

P.075-076　緊迫化する国際関係

01 三帝　　02 三国　　03 露仏　　04 日英　　05 英仏　　06 英露　　07 青年トルコ

08 ボスニア・ヘルツェゴヴィナ　　09 バルカン

P.077-078　第一次世界大戦

01 サライェヴォ　　02 二十一カ条の要求　　03 無制限潜水艦　　04 石井・ランシング

05 ウィルソン　　06 ブレスト=リトフスク　　07 ドイツ　　08 同盟　　09 協商　　10 塹壕

11 総力　　12 フセイン・マクマホン　　13 サイクス・ピコ　　14 バルフォア

P.079-080　ロシア革命とシベリア出兵

01 ニコライ2世　　02 ブレスト=リトフスク　　03 対ソ干渉　　04 モスクワ

05 新経済政策（ネップ）　　06 ソヴィエト社会主義共和国連邦（ソ連）　　07 北樺太　　08 臨時

09 平和　　10 土地　　11 赤軍　　12 シベリア

P.081-082　ヴェルサイユ体制とワシントン体制

01 ウィルソン　　02 ヴェルサイユ　　03 サン=ジェルマン　　04 ヌイイ　　05 トリアノン

06 セーヴル　　07 秘密　　08 軍備　　09 三・一独立　　10 五・四　　11 四カ国

12 日英　　13 海軍軍備制限　　14 九カ国

P.083-084　戦間期の欧米

01 アイルランド　　02 労働　　03 ウェストミンスター　　04 ルール　　05 ヴァイマル

06 ドーズ　　07 ヒンデンブルク　　08 ファシスト　　09 ローマ　　10 ロカルノ

11 ラインラント　　12 不戦

P.085-086　東アジアの民族運動

01 陳独秀　　02 三・一独立運動（三・一事件）　　03 五・四運動　　04 孫文　　05 国共合作

06 北伐　　07 毛沢東　　08 白話（口語）　　09 魯迅　　10 上海クーデタ　　11 山東

12 長征　　13 延安

P.087-088　南アジア・東南アジア・西アジアの民族運動

01 ローラット　　02 ガンディー　　03 ネルー　　04 ジンナー　　05 スカルノ　　06 ホー=チ=ミン

07 タイ立憲　　08 ムスタファ=ケマル　　09 ローザンヌ　　10 委任統治　　11 イブン=サウード

12 レザー=ハーン　　13 パフレヴィー

P.089-090　大衆社会の成立

01 大衆消費　　02 T型フォード　　03 都市中間　　04 大衆

05 クー=クラックス=クラン（KKK）　　06 禁酒　　07 移民　　08 職業婦人　　09 大学

10 キング　　11 ラジオ　　12 日本放送協会　　13 モガ（モダンガール）

**P.091-092　大正政変と米騒動**

01 第1次護憲　02 大正政変　03 シーメンス　04 憲政会　05 米騒動　06 政党内閣

07 尾崎行雄　08 立憲同志会　09 大隈重信　10 大戦景気　11 原敬

**P.093-094　社会運動と普通選挙の実現**

01 女性参政権　02 国際労働　03 新婦人　04 全国水平社　05 日本農民　06 治安維持

07 普通選挙　08 青鞜社　09 労働争議　10 小作争議　11 震災　12 天皇機関

13 民本主義　14 第2次護憲

**P.095-096　世界恐慌**

01 五カ年計画　02 ウォール街　03 金　04 オタワ連邦（イギリス連邦経済）

05 ニューディール（新規まき直し）　06 ワグナー　07 テネシー川流域開発公社　08 善隣

09 ブロック　10 スターリング（ポンド）　11 フラン　12 スターリン　13 ラパロ

**P.097-098　ファシズムの台頭**

01 ミュンヘン　02 全権委任　03 国際連盟　04 再軍備　05 エチオピア　06 ラインラント

07 ファシズム　08 ズデーテン　09 チェコスロヴァキア　10 フランコ

**P.099-100　政党内閣と恐慌**

01 戦後　02 震災　03 金融　04 山東　05 張作霖　06 金解禁

07 ロンドン海軍軍備制限　08 モラトリアム（支払猶予令）　09 昭和　10 農業

11 幣原外交　12 統帥権干犯

**P.101-102　満洲事変と軍部の台頭**

01 柳条湖　02 金輸出再禁止　03 溥儀　04 五・一五　05 リットン調査団　06 二・二六

07 日独伊三国防共　08 農山漁村経済更生　09 美濃部達吉　10 国体明徴声明　11 皇道

**P.103-104　日中戦争**

01 西安　02 盧溝橋　03 国民精神総動員運動　04 戦時統制経済　05 国家総動員法

06 南京　07 蔣介石　08 国民政府　09 国共合作　10 東亜新秩序　11 援蔣ルート

**P.105-106　第二次世界大戦と太平洋戦争①**

01 独ソ不可侵　02 ポーランド　03 フィンランド　04 武器貸与　05 独ソ戦

06 大西洋憲章　07 チャーチル　08 ペタン　09 ド=ゴール　10 バルト3国

**P.107-108　第二次世界大戦と太平洋戦争②**

01 日ソ中立　02 南部仏印進駐　03 真珠湾　04 ミッドウェー　05 ABCD包囲陣

06 ハル=ノート　07 満洲移民　08 創氏改名　09 大東亜共栄圏　10 新体制

11 大政翼賛会　12 産業報国会　13 隣組　14 国民学校

**P.109-110 第二次世界大戦と太平洋戦争③**

01 スターリングラードの戦い　02 カイロ　03 ノルマンディー　04 ヤルタ　05 ポツダム

06 原子爆弾（原爆）　07 シチリア島　08 テヘラン　09 ド=ゴール　10 学徒出陣

11 勤労動員　12 東京大空襲　13 沖縄戦

**P.111-112 新たな国際秩序**

01 ブレトン=ウッズ　02 ダンバートン=オークス　03 サンフランシスコ　04 ニューヨーク

05 関税及び貿易に関する一般協定　06 総会　07 安全保障理事会　08 拒否権

09 国際通貨基金（IMF）　10 国際復興開発銀行（IBRD）

11 ニュルンベルク（国際軍事）裁判　12 アトリー　13 福祉　14 ティトー

**P.113-114 冷戦の始まり**

01 チャーチル　02 トルーマン=ドクトリン　03 マーシャル=プラン　04 コミンフォルム

05 ユーゴスラヴィア　06 経済相互援助会議　07 ドイツ連邦

08 ドイツ民主　09 アメリカ合衆国　10 ソ連　11 ベネシュ　12 冷戦　13 ベルリン封鎖

**P.115-116 戦後のアジア諸地域①**

01 蔣介石　02 中ソ友好同盟相互援助　03 朝鮮戦争　04 五カ年計画　05 毛沢東

06 38　07 金日成　08 李承晩　09 国連軍

**P.117-118 戦後のアジア諸地域②**

01 スカルノ　02 アウン=サン　03 シンガポール　04 ホー=チ=ミン　05 インドシナ

06 ゴ=ディン=ジエム　07 シハヌーク　08 ガンディー　09 バングラデシュ　10 ネルー

11 ジンナー　12 モサッデグ　13 パフレヴィー2世　14 イスラエル　15 パレスチナ

**P.119-120 終戦処理と占領の始まり**

01 連合国軍最高司令官総司令部　02 人権指令　03 普通　04 公職追放

05 極東国際軍事裁判（東京裁判）　06 マッカーサー　07 アメリカ　08 ソ連

09 五大改革　10 婦人（女性）参政権　11 復員　12 引揚げ　13 闇市　14 戦争孤児

15 金融緊急措置令

**P.121-122 民主化と日本国憲法**

01 農地改革　02 労働組合　03 自作農創設特別措置　04 教育基本　05 労働基準

06 独占禁止　07 財閥解体　08 過度経済力集中排除　09 労働関係調整　10 地方自治

**P.123-124 朝鮮戦争と安保条約**

01 ドッジ　02 360　03 警察予備隊　04 ダレス　05 サンフランシスコ平和

06 日米安全保障　07 日本社会党　08 レッド=パージ　09 特需　10 トルーマン

11 単独講和　12 全面講和　13 日米行政

P.125 グローバル化への問い（冷戦と国際関係）

01 アメリカ　　02 ソ連　　03 ソ連（ロシア）

P.126 グローバル化への問い（資源・エネルギーと地球環境）

01 原子力　　02 中国　　03 二酸化炭素

P.127-128 集団防衛体制の構築と核開発

01 米州機構　　02 北大西洋条約機構　　03 水素爆弾（水爆）　　04 東南アジア条約機構

05 ワルシャワ条約機構　　06 バグダード条約機構　　07 太平洋安全保障

P.129 冷戦の推移

01 スターリン　　02 ポズナニ　　03 スプートニク1号　　04 ベルリンの壁　　05 赤狩り

06 平和共存

P.130-131 西ヨーロッパの経済復興と統合

01 ヨーロッパ経済協力機構　　02 ヨーロッパ石炭鉄鋼共同体　　03 ヨーロッパ経済共同体

04 ヨーロッパ原子力共同体　　05 ヨーロッパ自由貿易連合　　06 ヨーロッパ共同体

07 アトリー　　08 アデナウアー　　09 シューマン　　10 拡大EC　　11 ド=ゴール

P.132-133 第三世界

01 周恩来　　02 ネルー　　03 アジア=アフリカ（バンドン）　　04 非同盟諸国首脳

05 南北　　06 バングラデシュ　　07 チベット　　08 アフリカの年

09 アフリカ統一機構　　10 ベルギー　　11 ナセル　　12 スエズ運河

13 アラファト　　14 米州相互援助　　15 パン=アメリカ　　16 キューバ

P.134-135 55年体制

01 破壊活動防止法（破防法）　　02 MSA（日米相互防衛援助）　　03 自衛隊　　04 自由民主

05 日ソ共同　　06 日米相互協力及び安全保障　　07 日韓基本　　08 日中共同　　09 55年

10 （60年）安保　　11 非核三原則　　12 朴正煕　　13 周恩来

P.136-138 高度経済成長

01 池田勇人　　02 農業基本　　03 東海道新幹線　　04 東京オリンピック　　05 公害対策基本

06 環境　　07 特需　　08 高度経済成長　　09 大阪万博　　10 設備投資　　11 エネルギー

12 春闘　　13 企業　　14 核家族　　15 三種の神器　　16 モータリゼーション　　17 過疎

18 過密　　19 イタイイタイ　　20 水俣

P.139-140 核軍縮の流れ

01 ラッセル・アインシュタイン　　02 部分的核実験禁止　　03 核拡散防止　　04 ブラント

05 戦略兵器制限　　06 東西ドイツ基本　　07 戦略兵器削減　　08 包括的核実験禁止

09 カストロ　　10 ケネディ　　11 ホットライン

THE LOOSE-LEAF STUDY GUIDE
FOR HIGH SCHOOL STUDENTS

# 解答

## P.141-142 冷戦構造の変化

01 毛沢東　02 人民公社　03 鄧小平　04 紅衛兵　05 中ソ国境　06 ニクソン

07 中ソ　08 ブレジネフ　09 ドプチェク　10 ホー=チ=ミン　11 ケネディ

12 ジョンソン　13 北爆　14 ベトナム（パリ）和平　15 キング

## P.143-144 石油危機と世界経済

01 ニクソン　02 ローマ=クラブ　03 アラブ石油輸出国機構　04 石油危機　05 サミット

06 イラン=イスラーム　07 ブレトン=ウッズ国際経済　08 360　09 福祉　10 新自由主義

## P.145-147 アジアの経済発展

01 開発独裁　02 新興工業経済　03 東南アジア諸国連合　04 朴正煕　05 日韓基本

06 シンガポール　07 マハティール　08 リー=クアンユー　09 スハルト　10 マルコス

11 鄧小平　12 中曽根康弘　13 プラザ合意　14 民営化　15 自由化　16 消費税

17 アジア太平洋経済協力　18 貿易摩擦　19 政府開発援助　20 バブル

## P.148-149 冷戦の終結と国際情勢

01 イラン=イスラーム　02 アフガニスタン　03 イラン=イラク

04 チェルノブイリ（チョルノービリ）　05 中距離核戦力（INF）全廃　06 チャウシェスク　07 湾岸

08 連帯　09 ドプチェク　10 レーガン　11 マルタ　12 ホメイニ　13 フセイン

## P.150 ソ連・ユーゴスラヴィアの崩壊

01 ペレストロイカ　02 グラスノスチ　03 ゴルバチョフ　04 エリツィン　05 独立国家共同体

06 ティトー　07 ボスニア=ヘルツェゴヴィナ　08 コソヴォ

## P.151-152 開発途上国の民主化

01 フォークランド　02 アジェンデ　03 チャベス　04 中越　05 ドイモイ

06 アジア通貨　07 シハヌーク　08 アウン=サン=スー=チー　09 金大中　10 金正日

11 李登輝　12 陳水扁　13 天安門　14 香港　15 人民公社　16 アパルトヘイト

17 マンデラ

## P.153-154 国際社会における日本

01 リクルート　02 PKO協力　03 阪神・淡路大震災　04 小泉純一郎　05 東日本大震災

06 細川護熙　07 村山富市　08 平成　09 ODA大綱　10 安倍晋三　11 鳩山由紀夫

## P.155-156 地域紛争と世界経済

01 ルワンダ　02 ユーゴスラヴィア　03 チェチェン　04 同時多発テロ　05 東ティモール

06 アラブの春　07 ヨーロッパ連合　08 北米自由貿易協定（NAFTA）

09 世界貿易機関　10 ユーロ　11 アフリカ連合

## P.157-158 現代世界の課題

01 京都　02 リーマン=ショック　03 ユーロ　04 SDGs　05 パリ　06 排外

07 トランプ　08 （東京電力）福島第一原子力発電所　09 ガイドライン

No.

Date

©Gakken